FREUD E OS NÃO-EUROPEUS

Freud em quadro de Max Pollak, 5 de outubro de 1930.

Edward W. Said

FREUD E OS NÃO-EUROPEUS

Apresentação de Joel Birman
Introdução de Christopher Bollas
Comentários de Jacqueline Rose

Tradução de Arlene Clemesha

Copyright © 2003 Edward W. Said
Introdução © 2003 por Christopher Bollas
Resposta © 2003 por Jacqueline Rose
Copyright desta edição © Boitempo Editorial, 2004

Publicado originalmente pela Editora Verso, em
associação com o Freud Museum, Londres, 2003
FREUD AND THE NON-EUROPEAN

Coordenação editorial Ivana Jinkings Aluizio Leite
Assistência editorial Renata Dias Mundt
Preparação Ivete Batista dos Santos
Revisão Letícia Braun
Capa Andrei Polessi
Editoração eletrônica Raquel Sallaberry Brião
Coordenação de produção Juliana Brandt
Assistência de produção Livia Viganó

CIP-BRASIL. CATALOGAÇÃO NA PUBLICAÇÃO
SINDICATO NACIONAL DOS EDITORES DE LIVROS, RJ

S139f

Said, Edward W., 1935-2003
    Freud e os não-europeus / Edward W. Said ; apresentação de Joel Birman
introdução de Christopher Bollas ; comentários de Jacqueline Rose ; tradução
Arlene Clemesha. - São Paulo : Boitempo, 2004

    Tradução de: Freud and the non-European
    Apêndice
    ISBN 85-7559-048-0

    1. Freud, Sigmund, 1856-1939. Moisés e o monoteísmo. 2. Judeus - Identidade.
3. Relações árabe-israelenses. 4. Monoteísmo. 5. Judaísmo e psicanálise.
I. Rose, Jacqueline. II. Título.

04-2195   CDD 150.1952
                                                      CDU 159.964.26

É vedada a reprodução de qualquer parte deste livro
sem a expressa autorização da editora.

1ª edição: setembro de 2004; 1ª reimpressão: abril de 2025

BOITEMPO
Jinkings Editores Associados Ltda.
Rua Pereira Leite, 373
05442-000 São Paulo SP
Tel.: (11) 3875-7250 / 3875-7285
editor@boitempoeditorial.com.br | boitempoeditorial.com.br
blogdaboitempo.com.br | youtube.com/tvboitempo

SUMÁRIO

FREUD E A POLÍTICA, ENTRE JUDAÍSMO E JUDEIDADE   9
Joel Birman

APRESENTANDO EDWARD W. SAID   33
Christopher Bollas

FREUD E OS NÃO-EUROPEUS   43
Edward W. Said

APRESENTANDO JACQUELINE ROSE   85
Christopher Bollas

RESPOSTA A EDWARD W. SAID   91
Jacqueline Rose

BIBLIOGRAFIA DE EDWARD W. SAID   107

FREUD E A POLÍTICA, ENTRE JUDAÍSMO E JUDEIDADE
Joel Birman[*]

* Psicanalista, professor do Instituto de Psicologia da Universidade Federal do Rio de Janeiro e do Instituto de Medicina Social da Universidade do Estado do Rio de Janeiro.

I. Preâmbulo

O ensaio *Freud e os não-europeus* é resultante de uma longa e erudita conferência pronunciada por Edward W. Said no Museu Freud, em Londres, em dezembro de 2001. Essa conferência se inscreveu num cenário solene, na medida em que Said foi apresentado por Christopher Bollas e teve em Jacqueline Rose uma comentadora exemplar – que não apenas escutou Said com respeito e reconhecimento, mas também metabolizou o que foi enunciado e lhe entreabriu outras hipóteses adicionais de interpretação sobre o tema, não obstante a concordância no que é fundamental. Se o primeiro é um importante psicanalista britânico de prestígio internacional, a segunda é professora de língua e literatura inglesa em Queen Mary & Westfield College, na Universidade de Londres, além de ser responsável pela tradução e divulgação da obra de Lacan na Inglaterra, em companhia de Juliet Mitchell.

12 FREUD E OS NÃO-EUROPEUS

O ensaio é uma leitura surpreendente de *Moisés e o monoteísmo*,[1] escrito por Freud entre 1934 e 1938, em diferentes etapas, como se sabe, no contexto sociopolítico de ascensão e tomada do poder pelo nazismo na Alemanha. Vale dizer, a problemática do anti-semitismo na Europa se atualizava então de maneira trágica.[2] O livro foi concluído em Londres, em 1938, onde Freud finalmente se exilou, protegido da Gestapo pela intermediação da prestigiosa princesa Marie Bonaparte, uma de suas importantes discípulas na França.

Digo leitura surpreendente porque Said nos propõe a retomada do livro de Freud com enorme sabor de atualidade, lançando-o, sem temor, no conflituoso e trágico horizonte da problemática judaica hoje, no contexto bélico entre Israel e o povo palestino. Estaria justamente aqui a audácia maior deste ensaio. Além disso, Said confere o devido reconhecimento à importância teórica do discurso psicanalítico para a interpretação das formações social, política e cultural. Destaca, enfim, o valor teórico das obras de Freud sobre essas formações, não circunscrevendo, pois, o alcance do discurso psicanalítico ao mero registro da experiência clínica.

---

[1] Sigmund Freud, *Moses and Monotheism* (1938). In: *The Standard Edition of the Complete Psychological Works of Sigmund Freud (SE)*. Vol. XXIII. Londres, Hogarth Press, 1976. [Edição brasileira: *Moisés e o monoteísmo*. In: *Edição Standard Brasileira das Obras Psicológicas Completas de Sigmund Freud (ESB)*. XXIII, 2ª ed., Rio de Janeiro, Imago, 1987-89.]

[2] Sigmund Freud–Arnold Zweig, *Correspondance*, 1927-1939. Paris, Gallimard, 1973. [Ed. bras.: "Correspondência Freud–Zweig". In: Elizabeth Roudinesco, *História da psicanálise na França*. Vol. I, Rio de Janeiro, Zahar, 1989.]

II. Biologia e história

Ao proceder assim, no entanto, Said se afasta decisivamente de algumas leituras comuns desta obra de Freud realizadas na comunidade psicanalítica, que a questionaram seja pelas relações entre biologia, psiquismo e história, seja pelo estatuto da construção e do método psicanalíticos. Parece-me que foi nessas duas direções interpretativas que se condensaram principalmente as contribuições dos analistas para a leitura desta obra, salvo algumas poucas exceções.

Assim, uma parcela significativa da comunidade psicanalítica se voltou para o exame das relações entre os caracteres filogenético e ontogenético, de sabor evolucionista, destacados por Freud em *Moisés e o monoteísmo*, na sua incidência sobre o psiquismo. Tudo isso se desdobra, é claro, na leitura sobre os fantasmas originários, na medida em que esses – nomeadamente o da cena primitiva, da sedução e da castração – se inscreveram na fronteira entre filogenia e ontogenia.

Como se sabe, Ernest Jones advertiu Freud repetidamente sobre a impropriedade dessa formulação biológica: desde que foi enunciada por Haeckel no século XIX, manteve ainda algum frescor até o início do século XX, mas já estaria teoricamente caduca nos anos 1930.[3] Contudo, não obstante os comentários de Jones, Freud assumiu o risco e manteve a sua formulação supostamente imprecisa nesta obra decisiva. Digo decisiva

---

[3] Ernest Jones, *La vie et l'oeuvre de Sigmund Freud*. Vol. III. Paris, Presses Universitaires de France, 1990. [Ed. bras.: *A vida e a obra de Sigmund Freud*. 3 vols., Rio de Janeiro, Imago, 1989.]

porque é uma de suas obras-testamento, escrita pouco antes de sua morte, como também é o caso de *Análise terminável e interminável*.[4] Situado tragicamente entre a vida e a morte, Freud não tem mais nada a perder, como enuncia literalmente numa passagem de *Moisés e o monoteísmo*, podendo então dizer o que pensa diretamente e sem muitos rodeios.

Com efeito, se em *Moisés e o monoteísmo* Freud mostra novamente a pertinência teórica do discurso psicanalítico para a leitura da cultura e da sociedade, assim como para a indagação das relações entre psicanálise e história, em *Análise terminável e interminável* ele delineia o testamento sobre os impasses presentes na experiência psicanalítica, após a invenção do conceito de pulsão de morte.[5]

A insistência de Freud nas relações entre filogenia e ontogenia não é apenas teimosia, pois indica o que está em jogo na sua intenção teórica, apesar de ser enunciado numa retórica biológica. Vale dizer que o psiquismo do sujeito não pode ser apenas considerado na temporalidade de uma história individual, mas também deve ser realçado no contexto de uma história mais abrangente, na qual os sistemas de filiação e os códigos simbólicos da tradição onde aquele se inscreve devem ser devidamente destacados. Com efeito, a história de cada um de nós, no que ela tem de mais íntima e singular, é marcada não

---

[4] Sigmund Freud, *Analysis terminable and interminable* (1937). *SE*, XXIII. [Ed. bras.: *Análise terminável e interminável. ESB*, XVIII.]

[5] Sigmund Freud, *Au-delà du principe du plaisir* (1920). In: *Essais de psychanalyse*. Paris, Payot, 1981. [Ed. bras.: *Além do princípio de prazer. ESB*, XVIII.]

apenas pelos traços produzidos pela nossa biografia, estabelecida na temporalidade da nossa existência, mas se abre também para o imaginário coletivo, que, como tradição simbólica, nos constitui efetivamente.

Tudo isso se articula com a intenção deliberada de Freud, em *Moisés e o monoteísmo*, de escrever um "romance histórico".[6] Abandonou depois esse título, o que indica que queria insistir na dimensão histórica das marcas psíquicas, nos registros individual e coletivo. Foi por esse viés que se encaminharam outras produções psicanalíticas sobre este livro, que enfatizaram a dimensão da construção[7] presente nessas formulações freudianas, que marcaria o método de investigação psicanalítico.[8] Com efeito, a figura de Moisés perfilada por Freud nesta obra é uma construção estabelecida a partir de uma série de registros históricos dispersos, entre os quais o monoteísmo e o anti-semitismo seriam formações discursivas eloqüentes, que deveriam ser devidamente consideradas para o estabelecimento da tradição judaica.

Parece-me então que a leitura de Said assume esses últimos pressupostos teóricos como um *a priori*, reconhecendo a intenção imanente no livro de Freud. Assim, o inconsciente e as identificações modelados pelos fantasmas fundamentais, não

---

[6] Sigmund Freud–Arnold Zweig, *Correspondance*. Cit., p. 112.

[7] Sigmund Freud, *Construction in Analysis* (1937). *SE*, XXIII. [Ed. bras.: *Construções em análise. ESB*, XXIII.]

[8] Marie Moscovici, "Le roman secret". In: Sigmund Freud. *L'homme Moise et la religion monothéiste*. Paris, Gallimard, 1986.

16 FREUD E OS NÃO-EUROPEUS

seriam as resultantes de uma longa evolução biológica, mas os produtos efetivos de uma história marcada pela incidência dos códigos simbólicos e dos sistemas de filiação. É apenas nesse sentido que a psicanálise, como discurso teórico, pode ser instrumento crucial para uma teoria da cultura e da sociedade, na medida em que se descola de uma perspectiva teórica restrita de ser um simples biologismo do espírito.

Por isso mesmo, Freud é um autor que sempre interessou a Said e o acompanhou em sua produção teórica como um fantasma, apesar da diversidade de seus campos de pesquisa – e esse interesse se atualizou apenas em alguns contextos bem precisos. Com efeito, em *Beginnings*,[9] um estudo sobre a gênese da literatura, Said analisou detidamente *A interpretação dos sonhos*,[10] de Freud, sublinhando a sua importância para os estudos literários.

III. Ética e religião

É preciso evocar ainda que, nos últimos anos, o livro *Moisés e o monoteísmo* passou a ser objeto privilegiado de indagação de outros saberes, como a história e a filosofia, saindo do terreno especificamente psicanalítico. É nesse outro conjunto que o ensaio de Said deve ser então inscrito, de fato e de direito. Não obstante a originalidade da hipótese que sustenta, o trabalho

---

[9] Edward W. Said, *Beginnings: Intention and Method*. Nova York, Basic Books, 1975.

[10] Sigmund Freud, *The interpretation of the dreams* (1900). *SE*, IV-V. [Ed. bras.: *A interpretação dos sonhos*. *ESB*, IV-V.]

de Said é o último no tempo de uma série de estudos recentes sobre o livro de Freud, realizados todos por não-analistas. O que está em pauta nesses estudos é a inscrição da problemática do judaísmo no campo da psicanálise e, em particular, a espinhosa questão da psicanálise ser ou não uma ciência judaica.

Como se sabe, essa questão sempre preocupou Freud desde os primórdios do movimento psicanalítico. Como esse movimento se constituía então quase que exclusivamente por analistas de origem judaica, Freud temia a incidência na psicanálise dos preconceitos e das maledicências sobre o judaísmo, receoso com a possibilidade de a psicanálise ser identificada como uma ciência judaica. Por isso mesmo, ficou aliviado com a adesão de Jung ao movimento psicanalítico, na medida em que este não apenas era um psiquiatra importante da escola suíça dirigida por Bleuler, mas também inseria a psicanálise no contexto da tradição protestante.[11]

Essa questão foi frontalmente colocada pelo historiador israelense Yosef Haym Yerushalmi, em 1991, em *O Moisés de Freud: judaísmo terminável e interminável*.[12] Foram examinadas nesse livro, de maneira rica e complexa, as relações entre *memória* e *história*, isto é, se a história apenas se constitui como

---

[11] Joel Birman, "Sobre a correspondência de Freud com o pastor Pfister". In: *Religião e sociedade*. 11/2. Rio de Janeiro, Iser/Campus, 1984, p. 30-53.

[12] Yosef Haym Yerushalmi, *Freud's Moses: Judaism Terminable and Interminable*. New Haven, Yale University Press, 1991. [Ed. bras.: *O Moisés de Freud: judaísmo terminável e interminável*. Rio de Janeiro, Imago, 1992.]

discurso quando a memória de uma dada tradição cultural e social se fragiliza efetivamente. Vale dizer, o discurso histórico sobre determinada tradição seria a suplência e a substituição de uma forma de vida que já se perdera numa experiência comunitária, isto é, que já se esvaziara como memória. Tudo isso foi enunciado num contexto cortante, qual seja, de que apenas recentemente a tradição judaica começou a escrita efetiva de sua história, pois não precisava disso anteriormente, já que estava presente na memória coletiva de seu povo.

Pode-se argüir ainda, no que concerne a isso, que a escrita da história implica também na construção de um Estado inscrito num território específico e devidamente delineado por fronteiras bem estabelecidas. A formulação dessa outra hipótese não anula a acima enunciada, mas a complementa, bem entendido. Assim, a construção recente do Estado de Israel implicou na escrita da história judaica, mas esta tinha também na perda da memória dessa tradição a sua condição de possibilidade.

Entretanto, Yerushalmi não se restringe a isso, mas analisa também uma das hipóteses centrais sustentada por Freud em *Moisés e o monoteísmo*, qual seja, de que Moisés não era judeu, mas egípcio. Assim, Yerushalmi não apenas contesta essa tese de Freud, mas enuncia também ser ela o produto da relação ambígua deste com o judaísmo, que teria se condensado na leitura de Freud sobre o fundador da tradição judaica.[13]

---

[13] Yosef Haym Yerushalmi, idem.

Essa formulação é polêmica. Para encaminhar devidamente a sua discussão, é preciso indagar o que está em pauta quando o judaísmo é ali destacado como campo de referência, pois este pode ser considerado uma tradição *ética* e uma tradição *religiosa* que podem perfeitamente se superpor ou existir como registros separados e autônomos. Parece-me que, quando Yerushalmi fala da ambigüidade de Freud diante do judaísmo, ele se refere à sua não-religiosidade mas não coloca em questão a sua eticidade. Porém, Freud seria justamente por isso criticável.

Como se sabe, Freud nunca se colocou efetivamente como religioso. Mais ainda, se declarava ostensivamente ateu, marca indelével de sua inscrição na tradição do Iluminismo. No entanto, o seu *pertencimento* ao judaísmo nunca foi colocado em questão; pelo contrário, sempre foi afirmado por ele em alto e bom som.[14] No que concerne a isso, seu orgulho era patente.

O que estava em pauta nesse caso era a inscrição de Freud na ética judaica, que se caracterizaria, com o advento do monoteísmo, por ter deslocado a experiência humana do registro da sensorialidade para o da espiritualidade e do pensamento,[15] rompendo com a tradição do paganismo. Seria esta, aliás, a segunda grande tese sustentada por Freud em *Moisés e o*

---

[14] Sigmund Freud, "Address to the Society of B'nai B'rith" (1926). *SE*, XX. [Ed. bras.: *Discurso perante a sociedade dos B'nai B'rith (1941 [1926])*. *ESB*, XX.]

[15] Sigmund Freud, *Moses and Monotheism* (2º ensaio). Cit. [Ed. bras.: *Moisés e o monoteísmo* (2º ensaio). Cit.]

monoteísmo. Estaria justamente nesta ruptura e deslocamento, da percepção para o pensamento, a marca crucial que o monoteísmo constituiu, configurando então com o judaísmo a tradição do verbo. O discurso hermenêutico teria aqui se constituído, enfim, marcando de maneira indelével a cividade ocidental.

Apesar de tudo isso, a psicanálise traria em si os múltiplos traços da tradição judaica, na leitura de Yerushalmi, apesar das ambigüidades de Freud, bem entendido. Daí o título polêmico de sua obra: "judaísmo terminável e interminável".

Derrida também estabeleceu um diálogo com *Moisés e o monoteísmo* de Freud e com a leitura deste realizada por Yerushalmi. O seu contexto foi um colóquio internacional sobre a memória e o arquivo, ocorrido em Londres, no Museu Freud, em 1994, quando pronunciou a conferência sobre o *Mal de arquivo*.[16] Assim, Derrida realizou a desconstrução sistemática de *Moisés e o monoteísmo*, confrontando as suas teses com o conceito de arquivo enunciado pelo discurso histórico, em que destaca principalmente a contribuição psicanalítica para a formação do mesmo, promovida pelo conceito de pulsão de morte.

No que concerne à questão aqui em foco, o que interessa sublinhar é a diferença que Derrida procura traçar entre *judaísmo* e *judeidade*, nas suas presença e ausência no discurso

---

[16] Jacques Derrida, *Mal d'archive. Une impression freudienne*. Paris, Galilée, 1994. [Ed. bras.: *Mal de arquivo: uma impressão freudiana*. Rio de Janeiro, Relume Dumará, 2001.]

freudiano, procurando responder então às interpelações críticas de Yerushalmi a Freud.

Assim, se Freud era um ateu assumido e não se identificava absolutamente com a religiosidade judaica que, como as demais religiões, era objeto de sua crítica pela leitura psicanalítica, a judeidade estaria presente em sua obra de maneira decisiva, marcando a ética da psicanálise. A valorização dos registros da linguagem e do pensamento em oposição ao da sensibilidade, que como já disse é uma tese fundamental de *Moisés e o monoteísmo*, estaria no fundamento da judeidade. Para apreender isso devidamente, seria necessário indagar o discurso freudiano não apenas em suas relações com a tradição científica, mas também com a ética judaica. Com efeito, o Velho Testamento é um dos arquivos cruciais para a constituição da psicanálise como discurso. A Bíblia, na versão de Ludwig Philippson, recebida como presente de seu pai na infância, inscreveu Freud decididamente na tradição da judeidade, sem que isso implicasse qualquer adesão daquele e da psicanálise ao discurso religioso do judaísmo.

IV. Identidade, identificação, diferença

A partir deste limiar teórico, é possível examinar a contribuição de Said para o debate. Sua leitura de *Moisés e o monoteísmo* destaca a originalidade da perspectiva freudiana, realçando sua atualidade por caminhos ao mesmo tempo óbvios e inesperados.

Antes de mais nada, por uma razão de método, esta obra de Freud se destaca pela atualidade. Isso porque levanta questões cruciais sobre a contemporaneidade de maneira inesperada, na medida em que não era essa a sua intenção deliberada. O que permite retomar a atualidade do texto freudiano é algo central em sua teoria, qual seja, a crítica da concepção de *identidade* e a sua superação por um discurso *diferencial* sobre a *identificação*. Daí sua obviedade para um leitor habituado à leitura do discurso freudiano.

Para Said, o discurso freudiano sobre judaísmo ocupa a mesma posição estratégica que a obra literária de Conrad sobre a África.[17] Da mesma forma que a ficção de Conrad ofereceu uma leitura ainda hoje válida, traçando marcos indeléveis sobre as culturas e as sociedades africanas, a obra de Freud ilumina com vivacidade a problemática da identidade judaica na atualidade.

Para isso, no entanto, é preciso fazer trabalhar o texto de Freud, para indicar devidamente as relações entre as tradições européia e não-européia na sua tessitura. É preciso reconhecer que, se em geral os comentários de Freud na sua obra pretendem ser universalistas, a sua referência fundamental é sempre a tradição européia. Ainda que evoque devidamente a oposição entre as sociedades arcaicas e as civilizadas,[18] baseando-se principalmente em Frazer, as referências ao que não era europeu são rarefeitas em sua obra. Apesar da importância assumida

---

[17] Edward W. Said, *Joseph Conrad and the Fiction of Autobiography*. Cambridge, Harvard University Press, 1966.

[18] Sigmund Freud, *Totem and Taboo* (1913). *SE*, XIII. [Ed. bras.: *Totem e tabu. ESB*, XIII.]

FREUD E A POLÍTICA, ENTRE JUDAÍSMO E JUDEIDADE   23

pela China e pela Índia em sua vida, como impérios e fontes de conflitos coloniais, suas marcas são quase ausentes no discurso freudiano.

Vale dizer, o discurso freudiano não se ocupava da problemática do colonialismo que já era sintomática e aguda nas primeiras décadas do século XX. Os efeitos psíquicos do processo de colonização passaram ao largo das preocupações de Freud. Posteriormente, alguns autores que se apropriaram do discurso psicanalítico, como Fanon,[19] e que trabalharam bastante sobre a problemática colonial, destacaram os efeitos psíquicos devastadores produzidos pelo processo de colonização.

Esse não foi o caso de Freud, bem entendido. No entanto, a interpretação crítica da civilidade marca o empreendimento freudiano no seu fundamento. O seu universalismo se desdobra, portanto, numa perspectiva ética e política. Estaria aqui a sua contribuição maior para uma teoria da cultura, em que critica sistematicamente qualquer concepção linear do processo de construção da civilização. Indica, assim, a tensão permanente que existiria entre os supostos registros do arcaico e do civilizado, que estaria no fundamento de sua teoria sobre o inconsciente e o recalque. O ensaio de Freud *O mal-estar na civilização* é a resultante maior desta crítica à civilidade,[20] indicando de que

---

[19] Frantz Fanon, *The Wretched of the Earth*. Nova York, Grove Press, 1968, trad. Constance Farrington [Ed. bras.: *Os condenados da terra*. Rio de Janeiro, Civilização Brasileira, 1979.]

[20] Sigmund Freud, *Civilization and its Discontents* (1930). *SE*, XXI. [Ed. bras.: *O mal-estar na civilização*. *ESB*, XXI.]

maneira o mal-estar produzido no Ocidente como civilização – modernidade, para ser mais preciso[21] – é o desdobramento inequívoco de nosso modelo civilizatório.

Existiriam assim camadas subjacentes de tempos anteriores de civilidade sob os marcos da civilidade atual, que estabeleceriam relações de tensão e de oposição a esta. Pode-se denominar aquelas de *barbárie*, mas isso seria um abuso conceitual, na medida em que correspondem a tempos históricos outros do processo civilizatório recalcados pelas forças que dirigem o modelo civilizatório atual. Entretanto, os traços excluídos e expulsos tentam se impor novamente, infiltrando-se pelas brechas e fendas da arquitetura da civilidade atual, sob a forma do retorno do recalcado. A tensão entre as forças presentes define o processo em pauta, de forma que o conflito entre os pólos recalcante e recalcado estaria no fundamento desse processo. O mal-estar na civilização seria decorrente então do desequilíbrio entre esses pólos, já que tudo aquilo que é repelido do território da civilidade pretende se infiltrar sob a forma do retorno do recalcado.

Portanto, o sentido do conceito de barbárie se relativiza no discurso freudiano. Deixa assim de ser um *substantivo*, em oposição à civilização, passando a ter um sentido *adjetivo*, produzido por um certo projeto civilizatório, na medida em que este exclui um conjunto de marcas e tendências para se instituir enquanto tal.

---

[21] Joel Birman, "Sobre o mal-estar, na modernidade e na brasilidade". In: Luís Carlos Fridman, *Política e cultura: século XXI*. Rio de Janeiro, Relume Dumará/Assembléia Legislativa do Estado do Rio de Janeiro, 2002.

Não obstante a presença da idéia de barbárie na Antiguidade, identificada com a noção de *estrangeiro*, isto é, daquilo que existia fora das fronteiras da cidade e do império, não resta dúvida de que o conceito de barbárie é essencialmente moderno. Esse foi constituído na viragem do século XVIII para o século XX, no Ocidente, quando se passou a pesquisar as sociedades arcaicas em oposição à moderna.[22] Com efeito, a barbárie, assim como a primitividade, seria tudo aquilo que não atingiu os limiares de racionalidade e o controle correlato da afetividade que estariam presentes na modernidade. Além disso, a oposição conceitual entre barbárie e civilização era o que legitimava o projeto colonialista, segundo o qual as nações européias procuravam dominar as nações e continentes periféricos.

Com isso, as figuras da *criança*, da *loucura* e da *feminilidade* materializariam as marcas do arcaico no contexto sociopolítico da modernidade, devendo então ser recalcadas.[23] Representam, pois, aquilo que deveria ser excluído do projeto e do *ethos* modernos, devendo ser transformados para se adaptarem à matriz dominante de civilidade. Entretanto, o que foi excluído quer sempre retornar e se atualiza na subjetividade como mal-estar. Enfim, as diferentes modalidades de sofrimento psíquico, assim como as diversas formas de violência, indicam o retorno do que foi excluído e revelam a presença fulgurante do mal-estar no contexto da modernidade.

---

[22] Joel Birman, idem.

[23] Sigmund Freud. *Totem and Taboo* (1913). Cit. [Ed. bras.: *Totem e tabu.* Cit.]

Pode-se depreender disso tudo que o discurso freudiano é uma crítica à modernidade, pois o que se inscreve no seu projeto sociocultural implica a exclusão correlata de outras marcas, que devem ser então recalcadas por forças poderosas. Um projeto civilizatório implica, assim, um conjunto de marcas que se opõem a outras de forma diacrítica, mas que pretendem excluí-las para se impor como projeto. É o valor diferencial de qualquer projeto social e cultural que está aqui em pauta, no qual a identidade perde qualquer sentido absoluto e substantivo, pois se relativiza num conjunto de marcas identificatórias e diferenciais.

Sob esse ponto de vista, a leitura de *Moisés e o monoteísmo* de Freud é rica e nos lança nos conflitos da atualidade. É ao que se propõe Said.

V. Ocidente e Oriente

Assim, apesar de ser o líder carismático que constituiu a tradição judaica, Moisés não era judeu, mas egípcio. Esta tese, sustentada aqui por Freud, foi formulada por E. Sellin em 1922, não sendo então original. Vale dizer, foi um egípcio que constituiu o judaísmo como tradição, retomando o esboço do projeto do monoteísmo já realizado pelo faraó Akenaton, no Egito.

É interessante ressaltar que Freud funda a construção do judaísmo num campo diferencial de marcas identificantes, retirando-o de qualquer identidade que fosse substancialista e absoluta nas suas origens. Estaria aqui a ousadia de Freud no seu livro, pois coloca em questão a identidade cultural como um bloco monolítico, já que funda a tradição judaica num campo regulado pelas diferenças, egípcia e judaica ao mesmo tempo.

Se pelo exílio e pela diáspora, sustentando a sua tradição monoteísta em confronto com outras (cristianismo e islamismo), o judaísmo constituiu uma história européia, ele se configurou nas suas origens num contexto especificamente não-europeu. Existiria algo de não-europeu nesta tradição que a colocaria numa relação de identidade/diferença em relação ao Oriente, que deveria ser devidamente reconhecida. O judaísmo estaria então numa encruzilhada entre o Ocidente e o Oriente, estando, talvez, aí sua riqueza.

É esta formulação que Said sustenta no seu ensaio, retirando disso algumas conseqüências cruciais sobre a atualidade. Assim, essa identidade/diferença da tradição judaica marcaria ainda a diáspora, que nunca teria se enraizado num território, como ocorreu com outros povos. É claro que não foi pelo desejo dos judeus, mas pela perseguição e pelo anti-semitismo de que foram alvo no seu exílio. Os judeus trazem em seu psiquismo e em seu corpo as marcas dessa experiência traumática, certamente. Contudo, o não enraizamento num território e num Estado, correlatos da diáspora, foi constitutivo da tradição judaica e marcou efetivamente a sua cultura.

Sob essa perspectiva, num célebre ensaio publicado em 1968 – *O judeu não-judeu*[24] –, Deutscher enunciou que esta-

---

[24] Isaac Deutscher, *The Non-Jewish Jew and Other Essays*. Nova York, Hill and Wang, 1968. [Ed. bras.: *O judeu não-judeu e outros ensaios*. Rio de Janeiro, Civilização Brasileira, 1970.]

ria justamente aí a riqueza da tradição judaica, pois, inserida na *fronteira* e nas *bordas* de diferentes Estados-nações, não ficaria presa a particularidades e nacionalismos disso decorrentes. Poderia então enunciar teses *universalistas*, justamente porque não ficaria restrita aos particularismos nacionais. O que explica o fato de autores cruciais no Ocidente, como Espinoza, Marx e Freud, todos judeus, terem conseguido constituir leituras universalistas sobre a natureza, o desejo, a história e o inconsciente, que outras tradições culturais não conseguiram, restritas aos seus particularismos. Para Deutscher – educado para ser rabino e identificado com a eticidade judaica –, a riqueza do judaísmo como tradição estaria justamente aqui.

Portanto, o não estar confinado nas fronteiras de um território e num Estado-nação seria o correlato de uma tradição cultural situada *entre* diferentes tradições. Essa marca diferencial da tradição judaica seria uma crítica ostensiva ao substancialismo presente na idéia de identidade, pois colocaria no primeiro plano o conceito de identificação, inscrevendo-o num sistema diacrítico de diferenças. Seria, pois, uma outra maneira de dizer o que Freud assume em sua obra sobre Moisés, qual seja, de que este era egípcio apesar de ter sido o criador do judaísmo como tradição, resgatando para isso a concepção monoteísta presente na tradição egípcia.

Quando Said retoma esta leitura freudiana, interessa-lhe mostrar como, na atualidade, a política arqueológica do Estado de Israel busca apagar e silenciar suas origens não-européias, indicando monumentos e traços arqueológicos que seriam estritamente judaicos desde a sua origem na Palestina. Vale dizer, essa arqueologia se orientaria pela concepção substancialista da identidade judaica e se contraporia à perspectiva diferencial presente nesta tradição.[25]

Essa arqueologia seria então dirigida pelo imperativo de constituição da tríade Estado-nação-território que Israel pretende estabelecer para justificar a sua legitimidade sobre o território que ocupa. Não reconhece, com isso, a constituição diferencial da tradição judaica articulada com a tradição oriental, na qual diferentes povos se inscreviam naquele mesmo território. Enfim, aquele território não é apenas israelense, mas pertence a diferentes tradições de fato e de direito, inclusive a judaica, bem entendido.

A conclusão é simples e polêmica. O projeto político de constituição de um Estado-nação israelense na Palestina apaga as marcas diferenciais da tradição judaica e se realiza numa direção oposta à que foi concebida por Freud, em *Moisés e o monoteísmo*, quando Moisés foi inscrito na encruzilhada entre as tradições judaica e egípcia.

Essa proposição não implica absolutamente, é claro, a formulação de que os judeus não possam existir como tradição e que devem ser aniquilados como um povo, como enunciam alguns grupos palestinos radicais. A formulação de Said vai numa outra direção e perspectiva. Com efeito, o que ele nos sugere nas entrelinhas é que, na interpretação entreaberta por

---

[25] Nadia Abu El-Haj, *Facts on the Ground: Archeological Practice and Territorial Self-Fashioning in Israeli Society.* Chicago, University of Chicago Press, 2002.

Freud sobre o judaísmo, o mais pertinente seria a existência de um só Estado com as múltiplas tradições ali presentes, quais sejam, judeus e palestinos ocupando um mesmo território com um só Estado lhes regendo. Estaríamos, enfim, nessa perspectiva, mais próximos da concepção diferencial de cultura e tradição que marcou igualmente tanto a tradição judaica quanto a palestina.

Essa mesma proposta foi enunciada por Hannah Arendt num outro momento histórico, desde a pré-história do Estado de Israel, sem mencionar Freud.[26] A sua tese é bastante radical, pois se funda no novo estatuto dos *refugiados*, produzidos incessantemente na Europa após a Primeira Guerra Mundial.[27] Segundo a tese de Arendt, a nova construção política conferia outro significado à condição judaica, em que os *apátridas* teriam uma função emancipatória e de crítica efetiva do Estado-nação.[28] Desde então, a condição dos apátridas e dos refugiados apenas se incrementou em escala global, como se sabe, não existindo mais qualquer limite para isso no mundo globalizado, já que esses incluem não apenas os marginais, mas todos os pobres destituídos de direitos nos seus próprios Estados-nações de pertencimento. São os sem-cidadania ou os com cidadania parcial, no que concerne aos direitos sociais, nos seus próprios países de origem e de nascimento.

---

[26] Hannah Arendt, *Auchwitz et Jérusalem*. Paris, Deuxtemps, 1991.

[27] Hannah Arendt, idem.

[28] Hannah Arendt, *Eichmann em Jerusalém*. São Paulo, Companhia das Letras, 2000.

Na atualidade, contudo, a tragédia em que se transformou o confronto israelense-palestino e a inexistência de um horizonte claro de futuro para o seu desdobramento histórico e político, embaralhou as cartas do jogo de tal forma que a única possibilidade real colocada hoje talvez seja a existência de dois Estados-nações, Israel e Palestina, que possam existir respeitando cada qual a diferença do outro. Isso não implica, no entanto, o silenciamento dos traços diferenciais que marcam ambas as tradições, bem entendido, e deve se desdobrar numa outra política arqueológica, que respeite a diferencialidade inscrita nas ruínas e nos sedimentos antigos pesquisados.

Esperamos apenas que o Estado Palestino possa se constituir e coexistir pacificamente ao lado do já existente Estado de Israel, sem que haja qualquer projeto de dominação e aniquilamento de um sobre o outro. Essa é a nossa aposta no cenário apocalíptico da atualidade.

APRESENTANDO EDWARD W. SAID
Christopher Bollas*

* Christopher Bollas é norte-americano, com formação na Sociedade Britânica de Psicanálise. Vive e trabalha em Londres. É autor de vários livros, entre os quais *A sombra do objeto* (Imago, 1987), *Forças do destino* (Imago, 1992), *Sendo um personagem* (Revinter, 1998) e *Hysteria* (Escuta, 2000).

Em nome do Museu Freud de Londres, tenho o prazer de receber a todos nesta importante ocasião: para ouvir a fala do professor Edward Said sobre "Freud e os não-europeus", seguida pela resposta da professora Jacqueline Rose.

Pois bem, não é nenhuma novidade para Edward Said estar no exílio, e será dessa maneira, seguindo os passos de Freud (em certos aspectos), que ele irá falar em Londres e não em Viena; mas aqueles que estudaram com ele, ou que o conheceram pessoalmente, irão apreciar a sua notável, porém natural, maneira de transformar injustiça em erudito protesto. "Mas, desde que o exilado se recuse a ficar sentado à margem, afagando uma ferida", escreve em *Reflexões sobre o exílio*, "há coisas a aprender: ele deve cultivar uma subjetividade escrupulosa (não complacente ou intratável)"[1].

---

[1] Edward W. Said, *Reflections on Exile and Other Essays*. Cambridge, Harvard University Press, 2001, p. 184. [Ed. bras.: *Reflexões sobre o exílio e outros ensaios*. São Paulo, Companhia das Letras, 2003.]

36 FREUD E OS NÃO-EUROPEUS

Said nasceu em Jerusalém ocidental, de pais residentes a maior parte do tempo no Cairo, que no entanto viajavam freqüentemente à Palestina para visitar parentes e amigos. O seu primeiro contato profundo com o destino do exílio foi em 1948, quando a família foi forçada a deixar a Palestina – para onde Said não retornaria nos 45 anos seguintes. Talvez a energia e a determinação de sua tia Nahiba em tratar da "desolação de se encontrar sem um país ou lugar para onde retornar" tenham contribuído na formação daquele símbolo internacional que se tornaria Said, mas ele tem aludido à importância de sua mudança para os Estados Unidos – primeiro para o colégio interno, depois para a Universidade de Princeton –, que não apenas ampliou os seus horizontes, mas tornou-se um "objeto a ser usado", se me permitem aludir à noção de Winnicott de criatividade e utilização do objeto para uma maior articulação da sua notável sensibilidade.

Na Universidade de Colúmbia, na qualidade de professor assistente, escreveu o seu primeiro livro, sobre Joseph Conrad (1966)[2], e entre essa data e o dia de hoje acredito que ele tenha escrito pelo menos 20 livros, traduzidos para mais de 36 línguas.

Em 1967 a guerra o apartou de um futuro, mesmo que imaginário, na torre de marfim acadêmica, e este evento fez surtir uma nova linha de pensamento em sua vida, que se realizaria de maneira mais evidente em seu livro, *Orientalismo,*

---

[2]   Edward W. Said, *Joseph Conrad and the Fiction of Autobiography.* Cit.

que analisou, entre outras coisas, os escritos europeus sobre o Oriente, esclarecendo a política da representação literária. Mas *Beginnings* (1975) foi certamente a sua primeira – odeio dizê-lo – "resposta colateral" intelectual àquela guerra. Said agora tinha que recomeçar – talvez sem saber conscientemente para onde se dirigia, mas sabendo que a sua vida, não obstante influenciada por forças fora de seu controle, evocava uma resposta própria e determinada.

> A minha visão é que um conhecimento intensificado, inclusive irritado, do que realmente acontece quando começamos, isto é, quando somos conscientes de estar começando, de fato projeta a tarefa de maneira muito particular.[3]

(Aqueles que estiverem interessados em estudos psicanalíticos podem ler a sua análise da *Interpretação dos sonhos*, de Freud, em *Beginnings*, que na minha visão constitui uma fascinante análise literária do livro de Freud, como interpretação do seu argumento.)

Em 1977, Said foi eleito para integrar o Conselho Nacional Palestino, onde permaneceu até renunciar em 1991. Como a maioria de vocês sabe, ele tem sido um porta-voz da causa palestina, brilhante, incansável e corajoso. *The Question of Palestine* foi publicada em 1979[4]. Os seus tópicos incluem a psicologia da recusa em reconhecer a existência do outro ou

---

[3] Edward W. Said, *Orientalism*. Nova York, Pantheon Books, 1978. [Ed. bras.: *Orientalismo*. São Paulo, Companhia das Letras, 2001.] *Beginnings: Intention and Method*. Nova York, Basic Books, 1975, p. 39.

[4] Edward W. Said, *The Question of Palestine*. Nova York, Times Books, 1979.

pensar psicanaliticamente sobre a questão que ele levanta; ele nos convida a considerar os efeitos da "alucinação negativa": de não enxergar a existência de um objeto ou do outro. Assim, ao examinar a estrutura da opressão, devemos não apenas olhar para o que os opressores projetam no oprimido (por exemplo, a violência israelense projetada no povo palestino), mas também devemos levar em consideração uma recusa em reconhecer a própria existência do outro (no caso, a relutância de Israel em reconhecer a existência dos palestinos). Essa combinação de alucinação positiva e negativa é que torna a relação com o objeto, como diríamos na psicanálise, não apenas tóxica, mas psicótica. O oprimido existe, dessa forma, para conter a destrutividade indesejada do opressor, que ao mesmo tempo insiste em que o oprimido seja algo como uma identidade fecal, tão odiosa que não pode ser reconhecida, a não ser que, e no caso em que, esteja fora de seu campo de visão e finalmente eliminado. Em muitos aspectos, os escritos de Said não apenas constituem uma resistência literária ao "genocídio intelectual"[5] efetuado por muitas narrativas ocidentais sobre os palestinos, mas ao mesmo tempo operam como uma resistência a uma imposição esquizofrenogênica. O palestino que atira pedras está simbolicamente devolvendo a violência israelense, que utilizou pedras para construir os assentamentos. O horror dos atentados suicidas devolve a violência das armas, tanques e bombardeiros israelenses. O objetivo de semelhante

---

[5] Christopher Bollas, *Being a Character*. Londres, Routledge, 1992, p. 207.

APRESENTANDO EDWARD W. SAID 39

resistência não é vencer Israel, mas devolver Israel a si mesmo, para melhor ou para pior. A violência palestina busca manter a sanidade para o seu povo por meio da insistência em que ele existe, mesmo que o opressor insista em negar isso; algo, é claro, que o povo judeu conheceu muito bem por meio da catástrofe do Holocausto.

Alguns de seus escritos subseqüentes analisam o provincianismo dos estudos acadêmicos, ou aquilo que podemos pensar como sendo a defesa provinciana contra o multicultural: na psicanálise, uma forma de divisão do ego em que qualquer *self* reside contente dentro de um mero fragmento de si mesmo, para não ser incomodado pelas demais partes do quadro todo.

Edward Said é também um excelente pianista e se tornou crítico musical de uma proeminente publicação norte-americana, *The Nation*. Ele colaborou com Daniel Barenboim e a Orquestra Sinfônica de Chicago em uma nova produção de *Fidelio*, de Beethoven, redigindo um novo texto em inglês para substituir o diálogo falado; além disso, conduziu uma oficina com Barenboim e Yo-Yo Ma para jovens músicos israelenses e árabes em Weimar, Alemanha, e escreveu sobre diversos temas musicais. Os seus ensaios sobre Glenn Gould são magníficos e ele se apropriou de um recurso musical – o contraponto – e o inseriu no mundo do discurso político e literário:

A maioria das pessoas tem consciência de uma cultura, um cenário, um país; os exilados têm consciência de pelo menos dois desses aspectos, e essa pluralidade de visão dá origem a uma consciência de dimensões simultâneas, uma consciência que – para tomar emprestada uma palavra da música – é *contrapontística*.

Para o exilado, os hábitos de vida, expressão ou atividade no novo ambiente ocorrem inevitavelmente contra o pano de fundo da memória dessas coisas em outro ambiente.[6]

Poderíamos certamente "transferir" *sua invenção* para a teoria psicanalítica, propondo o "contraponto psíquico", que reconhece os benefícios do movimento fora do lugar de origem do indivíduo, para uma nova localização a partir da qual o *self*, e os seus outros, são vistos sob uma nova ótica. A passagem da ordem materna à ordem paterna, do mundo imagem-sensorial do espaço infantil para a ordem simbólica da linguagem, pode ser o nosso primeiro contato com o exílio, que parece assombrar mas também vitalizar muitos dos escritos de Proust. Dessa forma, pode ser que sejamos, todos, espécies de exilados – talvez por isso, mesmo aqueles de nós que não compartilham o terrível destino dos que foram expulsos de seus lares, podem, assim mesmo, captar empaticamente o seu destino.

Edward Said é professor na Universidade de Colúmbia, Estados Unidos. Ele apresentou as Reith Lectures para a BBC, as Rene Wellek Memorial Lectures na Universidade da Califórnia-Irvine, a Henry Stafford Little Lecture em Princeton, e as Empson Lectures na Universidade de Cambridge. É membro da Academia Americana de Artes e Ciências, da Sociedade Real de Literatura, da Sociedade Filosófica Americana e da Academia Americana de Artes e Letras. Recebeu o título de doutor *honoris causa* de dezesseis universidades.

---

[6] Edward W. Said, *Reflections on Exile*. Cit., p. 186. [Ed. bras.: *Reflexões sobre o exílio e outros ensaios*. Cit.]

Enfim, foi congratulado com tantos prêmios e títulos que não poderiam ser aqui enunciados, mas vale mencionar que o seu livro de memórias *Fora do lugar* recebeu o Prêmio Literário *New Yorker* para Não-Ficção em 1999. Em 2000 ele recebeu o Prêmio Literário Ainsfield-Wolf para Não-Ficção e o Prêmio Morton Dauwen Zabel de Literatura pela Academia Americana de Artes e Letras, e em 2001 o Prêmio Literário Lannan para Realização em Vida. Suas publicações mais recentes incluem *The End of the Peace Process: Oslo and After*; *Reflexões sobre o exílio e outros ensaios*; *Power, Politics and Culture*[7]. Atualmente, trabalha na preparação de *The Relevance of Humanism in Contemporary America*, a ser publicado pela editora da Universidade de Colúmbia.

---

[7] Edward W. Said, *Out of Place: A Memoir*. Nova York, Knopf, 1999; [Ed. bras.: *Fora do lugar: memórias*. São Paulo, Companhia das Letras, 2004.] *The End of the Peace Process: Oslo and After*. Nova York, Vintage, 2000; *Power, Politics and Culture*. Nova York, Pantheon, 2001; *Reflections on Exile*. Cit. [Ed. bras.: *Reflexões sobre o exílio e outros ensaios*. Cit.]

Página manuscrita de Moisés e o monoteísmo, prefácio ao terceiro ensaio, junho de 1938, Londres.

FREUD E OS NÃO-EUROPEUS
Edward W. Said

O termo "não-europeus" será utilizado nesta palestra de duas maneiras – uma se aplica à época de Freud; a outra, ao período após a sua morte, em 1939. Ambas são profundamente relevantes para uma leitura atual de sua obra. Uma, é claro, consiste em uma simples designação do mundo para além daquele em que o próprio Freud, na qualidade de cientista, filósofo e intelectual judeu-vienense, viveu e trabalhou toda a sua vida, tanto na Áustria quanto na Inglaterra. Ninguém que tenha lido e que tenha sido influenciado pelo extraordinário trabalho de Freud deixou de se impressionar com a sua notável erudição, principalmente em literatura e história da cultura. Da mesma maneira, chama atenção que, para além dos confins da Europa, o conhecimento de Freud sobre outras culturas (com exceção, possivelmente, do Egito) foi afetado e, de fato, moldado por sua educação na tradição judaico-cristã, particularmente as suposições humanísticas e científicas que lhe conferiram o seu peculiar selo "ocidental". Essa característica contribui menos para diminuir o interesse por Freud do que para situá-lo em um lugar e em uma época na qual ainda não despertava muito interesse aquilo que hoje, no jargão pós-colonialista, pós-estruturalista e pós-moderno, chamamos de o Outro. É evidente que Freud foi profundamente atraído por tudo o que se situava fora dos limites da razão, da convenção e, claro, da consciência: toda a sua obra é, nesse sentido, sobre o Outro, mas sempre sobre um Outro identificável, principalmente para os leitores familiarizados com os clássicos greco-romanos, da antiguidade hebraica e com as suas derivações nas várias línguas européias modernas, literaturas, ciências, religiões e culturas, com as quais ele mesmo estava bem familiarizado.

Como a maioria de seus contemporâneos, Freud sabia que outras culturas notáveis existiam e mereciam reconhecimento. Ele se referiu às da Índia e China, por exemplo, mas apenas de passagem e apenas quando, digamos, a prática da interpretação dos sonhos ali pudesse ser de interesse comparativo para o investigador europeu do tema. Muito mais freqüentes são as referências de Freud às culturas "primitivas" não-européias – principalmente via James Frazer –, nas quais se baseou para a sua discussão sobre as práticas religiosas primitivas. Essas referências fornecem a maior parte do material para *Totem e tabu*[1], mas a curiosidade etnográfica de Freud praticamente não foi além de uma breve olhada e a citação de certos aspectos dessas culturas (às vezes com uma enfadonha repetitividade) como evidências e apoio para sua argumentação em temas como a violação, proibição do incesto e padrões de exogamia

---

[1] Sigmund Freud, *Totem and Taboo*. Cit. [Ed. bras.: *Totem e tabu*. Cit.]

e endogamia. Para Freud, as culturas do Pacífico, a australiana e a africana, das quais tantos elementos extraiu para as suas análises, tinham sido, em grande medida, esquecidas ou deixadas para trás, como a horda primitiva na marcha da civilização; e apesar de sabermos o quanto do trabalho de Freud foi dedicado a resgatar e reconhecer o que foi ou esquecido ou não admitido, não penso que, em termos culturais, os povos e as culturas primitivas não-européias lhe eram tão fascinantes quanto os povos e as histórias da Grécia Antiga, Roma e Israel. Estes foram os seus verdadeiros predecessores em termos de imagens e conceitos psicanalíticos.

Não obstante, em vista das teorias raciais dominantes na época, Freud tinha as suas próprias idéias sobre os forasteiros não-europeus, notadamente Moisés e Aníbal. Ambos eram semitas, é claro, e ambos (principalmente Aníbal) eram heróis para Freud, devido a sua audácia, persistência e coragem. Lendo *Moisés e o monoteísmo*[2], nos impressiona a suposição de Freud, quase casual (que também se aplica a Aníbal), de que os semitas certamente não eram europeus (de fato, Aníbal passou a sua vida tentando, em vão, conquistar Roma, mas sequer chegou até lá) e de que eram, ao mesmo tempo, enquanto antigos forasteiros, de alguma forma assimiláveis a sua cultura. Isso é bem diferente das teorias sobre os semitas propostas por orientalistas como Renan e pensadores raciais como Gobineau e Wagner, que sublinharam o caráter estrangeiro e inassimi-

---

[2] Sigmund Freud, *Moses and Monotheism*. Cit. [Ed. bras.: *Moisés e o monoteísmo*. Cit]

48 FREUD E OS NÃO-EUROPEUS

lável dos judeus – bem como dos árabes, no que a isso diz respeito – em relação à cultura ariana-greco-alemã. A visão que Freud tem de Moisés, como alguém de dentro e de fora, é extraordinariamente interessante e desafiadora, mas é um tema ao qual eu gostaria de retornar mais adiante. Em todo caso, acredito que é correto dizer que Freud possuía uma visão eurocêntrica da cultura – e por que não haveria de sê-lo? O seu mundo ainda não tinha sido tocado pela globalização, nem pelas viagens rápidas, ou a descolonização, que tornariam aquelas culturas, antes desconhecidas ou reprimidas, disponíveis para a Europa metropolitana. Ele viveu imediatamente antes dos deslocamentos populacionais em massa que trariam indianos, africanos, turcos e curdos ao coração da Europa, como trabalhadores estrangeiros e freqüentemente imigrantes indesejados. E, é claro, morreu no momento em que o mundo romano e austro-germânico, tão memoravelmente retratado por grandes contemporâneos como Thomas Mann e Romain Rolland, ficaria em ruínas, com milhões de seus irmãos judeus massacrados pelo Reich nazista. De fato, foi também esse o mundo comemorado em *Mimesis*, de Erich Auerbach, o livro do exílio outonal, escrito durante os anos de guerra em Istambul, de onde esse grande *Gelehrter* e filologista conseguiria resumir a passagem de uma tradição, vista pela última vez em sua coerente plenitude.

O segundo – e politicamente muito mais carregado – sentido de "não-europeus" que eu gostaria de ressaltar consiste na cultura que, historicamente, emergiu no período pós-Segunda Guerra Mundial – isto é, após a queda dos impérios clássicos e a emergência de vários povos e Estados recém-libertados na África, Ásia e Américas. Evidentemente, não posso adentrar as várias novas configurações de poder, povos e políticas resultantes, mas gostaria de enfatizar uma em particular, que me parece fornecer uma perspectiva de certa forma fascinante e que, de fato, intensifica a radicalidade dos escritos de Freud sobre a identidade humana. O que tenho em mente é como, no mundo pós-guerra, aquela constelação de palavras e valências, que circundava a Europa e o Ocidente, adquiriu um sentido muito mais carregado e até rebarbativo, para os observadores fora da Europa e do Ocidente. Devido à Guerra Fria, havia acima de tudo duas Europas – a ocidental e a oriental; depois, nas regiões periféricas do mundo, atravessando os espasmos da descolonização, havia a Europa representativa dos grandes impérios, agitada pelas insurreições que finalmente haveriam de se desenvolver em batalhas para além do controle europeu e ocidental. Eu já tentei descrever, em outro lugar, a nova luz em que a Europa passou a ser vista, pelos combatentes anticoloniais articulados, por isso não abordarei o tema aqui, a não ser brevemente, para citar Fanon – certamente o herdeiro mais polêmico de Freud – a partir das últimas páginas de seu último livro, *Os condenados da terra*, publicado postumamente[3]. Citarei um dos apêndices ao livro, intitulado "Guerras coloniais e desordens mentais", no qual – como poderão recordar – Fanon cataloga e comenta uma série de ca-

---

[3]   Frantz Fanon, *The Wretched of the Earth*. Cit. [Ed. Bras.: *Os condenados da terra*. Cit.]

sos com que lidou e que emanaram, efetivamente, do campo de batalha colonial.

Em primeiro lugar, ele nota que, para os europeus, o mundo não-europeu contém apenas nativos: "as mulheres de véu, as palmeiras e os camelos compõem o cenário, o pano-de-fundo *natural* para a presença humana dos franceses"[4]. Após constatar que o nativo é diagnosticado pelo psiquiatra clínico europeu como um assassino selvagem que mata sem nenhum motivo, Fanon cita um certo professor A. Porot, cuja considerada opinião científica é que a vida do nativo seria dominada pelos "impulsos do diencéfalo", e o resultado final disso seria um primitivismo indesenvolvível. Fanon cita uma passagem de dar calafrios, extraída de uma erudita análise psiquiátrica técnica do próprio professor Porot:

> Esse primitivismo não é apenas um meio de vida resultante de uma criação especial; tem raízes muito mais profundas. Consideramos inclusive que ele deve ter o seu substrato em uma predisposição particular de uma estrutura arquitetônica, ou pelo menos na hierarquização dinâmica dos centros nervosos. Estamos na presença de um corpo coerente de comportamento e de uma vida coerente, que pode ser cientificamente explicada. O argelino não tem córtex; ou, mais precisamente, ele é dominado, assim como os vertebrados inferiores, pelos diencéfalos. As funções corticais, se é que existem, são muito fracas e praticamente não integradas na dinâmica da existência.[5]

---

[4] Ibid., p. 250.

[5] Ibid., p. 301.

Enquanto talvez seja possível ver nesse tipo de coisa uma perversão fundamentalista da descrição de Freud, contida em *Totem e tabu*, do comportamento primitivo, o que parece estar faltando é a recusa implícita de Freud de, no final, erigir uma barreira insuperável entre primitivos não-europeus e a civilização européia. Pelo contrário, a severidade da argumentação de Freud, como a leio, consiste em que aquilo que talvez tenha sido historicamente deixado para trás se manifesta em comportamentos universais, como a proibição ao incesto ou – como ele o caracteriza em *Moisés e o monoteísmo* – o retorno do reprimido. É evidente que Freud postula uma diferença qualitativa entre o primitivo e o civilizado, que parece funcionar para a vantagem do último, mas essa diferença, como na ficção do seu contemporâneo subversivo igualmente talentoso, Joseph Conrad, não escusa nem mitiga de nenhuma forma o rigor da sua análise da própria civilização, que ele vê de maneira decididamente ambígua e até pessimista.

Mas a questão, para Fanon, é que, quando se estende não apenas Freud, mas todas as conquistas científicas da ciência européia, para a prática do colonialismo, a Europa deixa de ocupar uma posição normativa em relação ao nativo. Assim, Fanon proclama:

> deixe essa Europa na qual nunca terminam de falar do Homem, mas matam os homens onde quer que estejam, na esquina de cada uma de suas próprias ruas, em todas as esquinas do globo... A Europa assumiu a liderança do mundo com ardor, cinismo e violência. Veja como a sombra de seus palácios se estende ainda mais longe! Cada um de seus movimentos rompeu as barreiras

do espaço e do pensamento. A Europa declinou toda humildade e modéstia; mas também se voltou contra toda solicitude e ternura... Quando busco o Homem na técnica e estilo da Europa, vejo apenas uma sucessão de negações do homem e uma avalanche de assassinatos.

Não é de surpreender, portanto, que, apesar da sua prosa e parte do seu raciocínio dependerem dele, Fanon rejeite completamente o modelo europeu e, em vez desse, exija que todos os seres humanos colaborem juntos na invenção de novas maneiras de criar o que ele chama de "o novo homem, que a Europa foi incapaz de levar a um nascimento triunfante"[6].

O próprio Fanon praticamente não forneceu aos seus leitores algo como um traçado dos novos caminhos que ele tinha em mente; o seu principal objetivo, no entanto, foi acusar a Europa por ter dividido os seres humanos em uma hierarquia de raças que desumanizou e reduziu os subordinados tanto ao olhar científico como ao desejo dos superiores. A atualização do esquema, é claro, foi resultado do sistema colonial nos domínios imperiais, mas acho que está correto dizer que o principal aspecto do ataque de Fanon foi a inclusão de todo o edifício do humanismo europeu, que provou ser incapaz de ir além de suas próprias odiosas limitações de visão. Como tão bem descreveu Immanuel Wallerstein[7], os críticos subseqüentes do eurocentrismo aprofundaram o ataque nas últimas quatro

---

[6] Ibid., p. 311-2, 313.

[7] Immanuel Wallerstein, "Eurocentrism and its Avatars: The Dilemmas of Social Science", *New Left Review*, nº 226, nov-dez 1997, p. 93-107.

décadas do século XX, tomando a historiografia européia, as suas reivindicações de universalismo, sua definição de civilização, seu orientalismo, e sua aceitação acrítica de um paradigma do progresso que colocou o que Huntington e outros como ele chamaram de "o Ocidente" no centro de uma massa intrusa de civilizações menores, tentando questionar a supremacia do Ocidente.

Concordemos ou não com Fanon e Wallerstein, não há dúvida de que toda a idéia de diferença cultural – principalmente hoje – está longe do conceito inerte aceito por Freud. A noção de que havia outras culturas além daquela da Europa, sobre as quais se precisaria refletir, não foi na realidade o princípio animador do seu trabalho, como o foi para Fanon, pelo menos não mais do que para os principais trabalhos de seus contemporâneos, Thomas Mann, Romain Rolland e Erich Auerbach. Dos quatro, Auerbach foi quem sobreviveu, um pouco, era pós-colonial adentro. Mas se deixou mistificar – talvez até um pouco deprimir – pelo que ele podia intuir que estava por vir. Em um de seus últimos ensaios, "Philologie der Weltliteratur", ele falou em tom elegíaco da substituição da Romênia, como o paradigma de pesquisa que nutrira sua própria carreira, por um apanhado daquilo que ele chamou de "novas" línguas e culturas, sem perceber que muitas delas, na Ásia e África, eram mais antigas do que as da Europa, tinham cânones bem estabelecidos e filologias cujas próprias existências eram simplesmente desconhecidas pelos acadêmicos de sua geração. De todo modo, Auerbach teve a capacidade de perceber que uma nova era histórica estava nascendo, cujos contornos e cujas estruturas não seriam familiares justamente porque nelas havia muito que não era nem europeu nem eurocêntrico.

Acho que devo acrescentar uma outra coisa aqui. Fui, várias vezes, interpretado como se estivesse atacando retrospectivamente grandes autores e pensadores como Jane Austen e Karl Marx, pelo fato de algumas idéias suas parecerem politicamente incorretas pelos nossos padrões atuais. Essa é uma noção estúpida que, devo dizer categoricamente, não corresponde a nada do que eu tenha escrito ou dito. Pelo contrário, estou sempre tentando entender figuras do passado que admiro, inclusive apontando em que medida estiveram inseridos nas perspectivas de seu próprio momento cultural, no que diz respeito às suas visões de outras culturas e de outros povos. O ponto especial que defendo, a partir disso, é que seria imperativo os ler como intrinsecamente válidos para o leitor não-europeu ou não-ocidental atual que, freqüentemente, ou se vê feliz em descartá-los completamente como desumanos ou insuficientemente cientes dos povos colonizados (como fez Chinua Achebe com a representação de Conrad da África), ou os lê, de certa maneira, "acima" das circunstâncias históricas às quais tanto pertenceram. Minha análise tenta inseri-los em seu contexto, o mais precisamente possível, mas então – porque são escritores e pensadores extraordinários cujos trabalhos possibilitaram o surgimento de outros trabalhos e leituras alternativas baseadas em desenvolvimentos dos quais não poderiam estar cientes – eu os vejo em contraponto, isto é, como figuras cujos escritos atravessam fronteiras temporais, culturais e ideológicas, de maneira imprevista, para emergir como parte de um novo grupo, *juntamente* com a história posterior e a arte subseqüente. Assim, por exemplo, em vez de deixar o retrato cativante, de Conrad, do Congo do período de Leopoldo, em um arquivo etiquetado como a lixeira final do pensamento racista, parece-me bem mais interessante ler o trabalho de Conrad de finais do século XIX como – antecipada e inusitadamente – sugerindo e provocando não apenas as distorções trágicas da história subseqüente do Congo, mas também as respostas ecoantes na escrita africana, que reutiliza o tema central da viagem de Conrad como tópico para apresentar as descobertas e os reconhecimentos da dinâmica pós-colonial, grande parte dos quais a antítese deliberada do trabalho de Conrad. Dessa maneira, para dar um breve par de exemplos, temos as respostas radicalmente diferentes contidas em *Tempo de migrar para o norte*, de Tayeb Salih, e *Uma curva no rio* de V. S. Naipaul. Esses dois trabalhos não poderiam ser mais diferentes um do outro, mas ambos são inimagináveis sem a estrutura do feito imaginativo prévio de Conrad para guiá-los e empurrá-los, por assim dizer, em novas vias de articulação fiéis à visão da experiência de um árabe sudanês nos anos 1960 e à de um expatriado índio de Trinidad alguns anos depois. O resultado, muito interessante, é que não apenas Salih e Naipaul dependem vitalmente de suas leituras de Conrad, mas a escrita de Conrad ganha maior atualidade e vida por meio de ênfases e inflexões que ele obviamente desconhecia, mas que sua escrita permite.

Assim, a história posterior reabre e questiona o que parece ter sido a finalidade de uma figura de pensamento anterior, colocando-a em contato com formações culturais, políticas e epistemológicas com as quais jamais sonhou o autor, não obstante filiada a ele pelas circunstâncias históricas. Todo escritor é também, evidentemente, um leitor de seus predecessores, mas o que quero sublinhar é que a dinâmica muitas vezes surpreendente da história humana pode – como argumenta tão astutamente a fábula de Borges, "Pierre Menard, autor do Quixote" – dramatizar as latências numa forma ou figura anterior que de repente esclarecem o presente. Os horrivelmente subjugados e oprimidos carregadores negros e os selvagens – retratados por Conrad em termos que tanto desagradaram Achebe – não apenas contêm em si a essência congelada que os condena à servidão e punição, que Conrad via como seu destino naquele momento, mas também apontam profeticamente na direção de uma série de desenvolvimentos implícitos, revelados por sua história posterior, apesar de, acima e além, e também, paradoxalmente, devido à severidade radical e ao terrível isolamento da visão essencialista de Conrad. O fato de que os escritores posteriores continuam retornando a Conrad significa que a visão eurocêntrica inflexível de seu trabalho é precisamente o que lhe confere a sua força antinomiana, a intensidade e o poder encerrado em suas frases, que exigem uma resposta igual e oposta para lhes fazer frente em uma confirmação, refutação ou elaboração do que apresentam. Arrebatado pela África de Conrad, o seu horror sufocante é o que nos leva até o final e para além dela, na medida em que a própria história transforma a estagnação mais rigorosa em um processo e uma busca por maior clareza, contraste, precisão ou negação. E, é claro, em Conrad, assim como em todas as mentes igualmente extraordinárias, a tensão percebida entre o que está insuportavelmente presente e uma compulsão simétrica a escapar dele, é o que está mais profundamente colocado em questão – disso se trata a leitura e a interpretação de um trabalho como *O coração das trevas*. Os textos inertes permanecem em suas épocas: aqueles que se contrapõem vigorosamente às barreiras históricas são os que permanecem conosco, geração após geração.

Freud é um exemplo notável de um pensador para quem o trabalho científico constituía, como freqüentemente o disse, uma espécie de escavação arqueológica do passado enterrado, esquecido, reprimido e negado. Não por acaso, Schliemann foi um modelo para ele[8]. Freud foi um explorador da mente, é claro, mas também, no sentido filosófico, um inversor e remapeador de geografias e genealogias aceitas ou estabelecidas. Ele assim se presta de maneira especial a releituras em contextos diferentes, já que o seu trabalho é, todo ele, sobre como a história da vida se presta, pela memória, pesquisa e reflexão, a uma estruturação e reestruturação sem fim, tanto no sentido individual como coletivo. Que nós, diferentes leitores de diferentes períodos históricos, em contextos culturais diferentes, continuemos a fazê-lo em nossas leituras de Freud, me parece nada menos do que uma justificação do poder que o seu trabalho tem para instigar novos pensamentos, bem como para iluminar situações com que ele mesmo talvez jamais tenha sonhado.

---

[8] Cf. Richard H. Armstrong, "Freud: Schliemann of the Mind", *Biblical Archeology Review*, mar-abr 2001.

58 FREUD E OS NÃO-EUROPEUS

A intensa concentração de Freud na questão de Moisés tomou os últimos meses de sua vida, e o que ele produziu em seu último grande livro, *Moisés e o monoteísmo*, constitui uma combinação de diversos textos, numerosas intenções, diferentes períodos de tempo – todos os quais lhe foram pessoalmente difíceis devido a sua doença, o aparecimento do nacional-socialismo e as incertezas políticas de sua vida em Viena, ou seja, ele teve que lutar contra efeitos contraditórios e até desorganizadores e desestabilizadores[9]. Qualquer um que se interesse pelo que foi denominado o estilo tardio [*Spätstil*] irá encontrar um exemplo quase clássico no *Moisés* de Freud. Assim como os trabalhos difíceis e ásperos que Beethoven produziu nos últimos sete ou oito anos de sua vida – as cinco últimas sonatas de piano, os quartetos finais, a *Missa solene*, a Sinfonia Coral e o Opus 119 e 121 Bagatelles –, *Moisés* parece ter sido composto por Freud para ele mesmo, sem muita atenção às repetições freqüentes e muitas vezes desnecessárias ou preocupação com a elegante economia de prosa e exposição. Nesse livro, Freud, o cientista buscando resultados objetivos em sua investigação, e Freud, o intelectual judeu explorando a sua própria relação com sua fé antiga por meio da história e da identidade de seu fundador, não são jamais

---

[9] Cf. Janine Chasseguet-Smirgel, "Some Thoughts on Freud's Attitude During the Nazi Period", *Psychoanalysis and Contemporary Thought*, n⁰ 18:2 (1988), p. 249-65. [Ed. bras.: "Algumas reflexões sobre a atitude de Freud durante o período nazista, 'Jo como judeu'", em *Revista Internacional da História da Psicanálise*, nº 1, Rio de Janeiro, Imago, 1990, p. 15.]

postos realmente em conformidade um com o outro. Tudo nesse tratado sugere, não resolução e reconciliação – como em alguns trabalhos tardios de Shakespeare tais quais *A tempestade* ou *Conto de inverno* –, mas, pelo contrário, mais complexidade e uma disposição para deixar os elementos inconciliáveis do trabalho assim como estão: episódicos, fragmentados, não terminados (isto é, sem polimento).

No caso de Beethoven assim como no de Freud, como espero demonstrar, a trajetória intelectual transmitida pelo último trabalho é a intransigência e uma espécie de transgressão irritada, como se o autor, do qual se esperava acomodar-se em uma compostura harmoniosa, como condiz a uma pessoa no final de sua vida, preferisse, em vez disso, ser difícil e debater-se com todo tipo de novas idéias e provocações. Freud confessa explicitamente a sua impropriedade em nota de rodapé no início de *Moisés*, na qual, sem constrangimento, refere-se ao seu tratamento autocrático, arbitrário e até inescrupuloso da evidência bíblica. Também encontramos lembretes explícitos ao leitor de que o autor é um homem velho e pode não estar à altura da sua tarefa. No final do segundo ensaio e início do terceiro, Freud chama a atenção para o esgotamento de suas forças e para a diminuição de seus poderes criativos. Mas essa admissão não o detém nem impede de chegar a conclusões difíceis e, muitas vezes, ilusoriamente insatisfatórias. Assim como os últimos trabalhos de Beethoven, o *Spätwerk* de Freud está obcecado em retornar não apenas ao problema da identidade de Moisés – que, é claro, está no âmago do tratado –, mas aos elementos da própria identidade, como se fosse possível retornar

60 FREUD E OS NÃO-EUROPEUS

àquela questão tão crucial para a psicanálise, o próprio coração
da ciência, da maneira como os últimos trabalhos de Beethoven
retornaram a tais aspectos básicos como tonalidade e ritmo.
Além disso, em Freud, o interesse pelo contemporâneo expresso
em escavações às vezes arcanas do primordial encontra paralelo
na utilização, por Beethoven, de modos medievais e contra-
pontos surpreendentemente avançados, em trabalhos como a
Missa solene. Acima de tudo, o efeito do estilo tardio sobre o
leitor ou o apreciador é alienante – isto é, Freud e Beethoven
apresentam um material de preocupação urgente para eles,
com pouca preocupação em satisfazer, muito menos aplacar, a
necessidade que o leitor teria de uma conclusão. Outros livros
de Freud foram escritos com um objetivo pedagógico ou di-
dático; *Moisés e o monoteísmo*, não. Lendo o tratado, sentimos
que Freud gostaria que entendêssemos que há outras questões
em pauta aqui – outros problemas, mais urgentes, para expor,
do que aqueles cuja solução poderia confortar ou prover uma
espécie de local de repouso.

Em um dos mais interessantes entre os vários livros sobre
o *Moisés* de Freud – *O Moisés de Freud: judaísmo terminável
e interminável*, de Yosef Yerushalmi[10] – o autor habilmente
preenche o pano de fundo pessoal, judeu, da exploração de
Freud da história de Moisés, incluindo a sua antiga e dolorosa
consciência do anti-semitismo em episódios tais como a sua
amizade desfeita com Carl Jung, o seu desapontamento com

---

[10] Yosef Hayim Yerushalmi, *Freud's Moses: Judaism Terminable and Interminable*. Cit. [Ed. Bras.: *O Moisés de Freud: judaísmo terminável e
interminável*. Cit.]

FREUD E OS NÃO-EUROPEUS 61

a inabilidade do seu pai para enfrentar os insultos, a sua preocupação que a psicanálise fosse considerada apenas uma ciência "judaica" e, centralmente, a sua relação complicada e, na minha opinião, irremediavelmente não-resolvida, com a sua própria judeidade, que ele sempre manteve com um misto de orgulho e resistência. Porém, Freud afirma reiteradamente que, apesar de judeu, nunca acreditou em Deus e apenas da forma mais tênue pode-se dizer que ele tenha possuído algum sentimento religioso. Yerushalmi astuciosamente afirma que Freud parece ter acreditado, talvez seguindo Lamarck, que

> os traços de caráter embutidos na psique judaica são transmitidos filogeneticamente e não necessitam mais da religião para serem mantidos. Com uma suposição lamarckiana tão definitiva, é inevitável que sejam herdadas e compartilhadas até por judeus descrentes como Freud.

Até aí, tudo bem. Mas Yerushalmi prossegue, atribuindo desmerecidamente uma espécie de salto providencial quase desesperado para Freud. "Se o monoteísmo", diz ele, "foi geneticamente egípcio, tem sido historicamente judeu." Depois ele acrescenta – citando Freud – que

> é honra o suficiente para o povo judeu ter mantido viva semelhante tradição e ter produzido homens que lhe emprestaram a sua voz, *mesmo que o estímulo tenha vindo primeiro de fora, de um grande estrangeiro.*[11]

Esse é um ponto tão central no argumento de Freud que cabe analisá-lo mais a fundo; certamente, penso eu, Yerushalmi

---

[11] Ibid., p. 52, 53 (grifo nosso).

62 FREUD E OS NÃO-EUROPEUS

apressou-se em chegar a conclusões sobre o que é historicamente judeu, a que o próprio Freud de fato não chegou porque, como tentarei demonstrar, a própria judeidade que deriva de Moisés está longe de ser uma questão resolvida, sendo de fato extremamente problemática. Freud estava resolutamente dividido sobre isso; de fato, eu chegaria ao ponto de dizer que ele foi deliberadamente antinomiano em suas crenças. Lembremos que a frase inicial de Freud constitui uma celebração surpreendentemente híbrida daquilo que fez e que faria nas páginas subseqüentes e que seria nada menos do que "negar a um povo o homem que ele elogia como o maior de seus filhos"; então ele segue, dizendo que um feito desses não pode ser conduzido, contente ou despreocupadamente, "especialmente por alguém pertencente àquele povo". Ele o faria para o bem de uma verdade – e não economiza palavras – muito mais importante do que "supostamente [seriam] os interesses nacionais". O sarcasmo da última frase quase nos tira o fôlego, tanto por sua arrogância como por sua disposição em subordinar os interesses de todo um povo ao que é mais importante: a remoção da fonte de uma religião, do seu lugar dentro da comunidade e da história de seus correligionários[12].

Não repetirei todos os pontos principais da argumentação de Freud – também tenho o direito de ser um pouco arbitrário – a não ser para relembrar a ênfase que ele lhes atribui. Em primeiro lugar vem a identidade egípcia de Moisés e o fato de que suas idéias sobre um Deus único derivaram inteiramente do Faraó

---

[12] Sigmund Freud, *Moses and Monotheism*. Cit., p. 3.

egípcio que recebeu universalmente os créditos pela invenção do monoteísmo. Diferentemente de Yerushalmi, por exemplo, Freud fez um grande esforço para atribuir aquela idéia a Akenaton, insistindo em que essa invenção não existia antes dele; e, apesar de ele dizer que o monoteísmo não se enraizou no Egito, Freud devia saber perfeitamente bem que o monoteísmo retornou ao Egito primeiro na forma do cristianismo primitivo (que persiste na Igreja Copta de hoje) e depois por meio do Islã, que ele de fato discute, brevemente, mais adiante no texto. Estudos recentes em egiptologia sugerem que traços consideráveis de monoteísmo podiam ser encontrados bem antes do reino de Akenaton, o que por sua vez indica que o papel do Egito no desenvolvimento da adoração de um Deus único foi muito mais significativo do que se lhe tem atribuído normalmente. Yerushalmi se mostra muito mais ansioso do que Freud em apagar todos os traços de monoteísmo no Egito, após a morte de Akenaton, e insinua que foi uma genialidade do judaísmo ter elaborado a religião para muito além de qualquer coisa conhecida pelos egípcios.

Freud, pelo contrário, é mais complexo e até contraditório. Ele garante que os judeus eliminaram a adoração do Sol da religião que receberam de Akenaton, mas mina ainda mais a originalidade judaica ao notar (a) que a circuncisão foi uma idéia egípcia e não hebraica; (b) que os levitas, um grupo certamente tão judeu quanto poderia permitir a conversão, foram os seguidores egípcios de Moisés, que o acompanharam ao novo lugar.

Quanto a esse lugar, Freud se distancia ainda mais da geografia israelita convencional e afirma que era Meribat-Qades:

"no país ao sul da Palestina, entre a extremidade leste da Península do Sinai e a extremidade oeste da Arábia. Ali assumiram a adoração de um deus Yahveh, provavelmente da tribo árabe vizinha dos madianitas. Presume-se que outras tribos vizinhas também fossem seguidoras desse Deus"[13]. Portanto, primeiro Freud recoloca em seus lugares os componentes da origem do judaísmo que tinham sido esquecidos ou negados juntamente com o assassinato do pai heróico comum a todas as religiões, depois demonstra – por meio dos conceitos de latência e retorno do reprimido – como o judaísmo se constituiu na qualidade de uma religião permanentemente estabelecida. O argumento é estranhamente sutil e descontínuo, como poderá atestar rapidamente qualquer um que leia *Moisés e o monoteísmo*. Repressão, negação e retorno sucedem-se perante o leitor quase que magicamente, como experiências do individual para o coletivo: são ordenadas por Freud em uma seqüência narrativa seguida por submersa e depois manifesta positividade, cujo conjunto dá origem não apenas ao judaísmo mas ao anti-semitismo que o acompanha. Os principais pontos que eu gostaria de sublinhar são, primeiro, que tudo isso recebeu de Freud um arranjo inteiramente secular, sem concessões, até onde eu pude perceber, ao divino ou extra-histórico; segundo, que Freud não fez nenhum esforço para suavizar a história ou atribuir-lhe uma trajetória clara. Isso se deve talvez à irregularidade de grande parte do material com que ele lidou ao reconstituir as conseqüências do legado de

---

[13] Ibid., p. 39.

Moisés, enquanto radicalmente antitético em seu contraste impressionantemente forte entre o forasteiro fundador e a comunidade por ele estabelecida (que também o matou), como as palavras primordiais sobre as quais ele estudara e escrevera décadas antes.

Em um nível, isso nada mais é do que dizer que os elementos da identidade histórica parecem ser sempre compostos, particularmente quando eventos germinais como o assassinato do pai e o êxodo do Egito estão, eles mesmos, tão imbricados nos eventos anteriores. Quanto a se Moisés pode ser considerado "estrangeiro" aos judeus que o adotaram como patriarca, Freud é bem claro e até taxativo: Moisés era egípcio e portanto diferente das pessoas que o adotaram como líder – pessoas essas que se tornaram os judeus que Moisés parece ter criado depois como sendo o *seu* povo. Dizer que a relação de Freud com o judaísmo era conflituosa é arriscar-se a uma subconstatação. Às vezes ele tinha orgulho da sua afiliação, mesmo sendo irremediavelmente anti-religioso; em outras ocasiões, expressou irritação e uma reprovação inconfundível em relação ao sionismo. Em uma carta famosa a respeito do trabalho da Agência Judaica em 1930, por exemplo, ele se recusou a participar de um apelo aos britânicos para aumentar a cota de imigração judaica para a Palestina. De fato, ele chegou ao ponto de condenar a transformação de "um pedaço de muro herodiano em relíquia nacional, ofendendo assim os sentimentos dos nativos". Cinco anos depois, tendo aceito um posto na Universidade Hebraica, ele disse ao Fundo Nacional Judeu que este era "um importante e abençoado [...] instrumento [...] nos esforços para estabelecer um novo lar na antiga terra de nossos pais"[14]. Yerushalmi ensaia tanto as idas como as vindas de Freud, também com sutileza, e diligentemente mostra que a judeidade de Freud percorre toda a gama, desde a sua identidade de judeu, oriunda de uma resistência obstinada à "maioria compacta", atravessando todo o processo de recordação e aceitação da tradição que se desenvolve a partir de Moisés (portanto, de reconciliação com o pai assassinado), até chegar à idéia mais grandiosa de todas: que, em um ato de sublimação peculiar à religião monoteísta (emprestada do Egito: Freud não resiste a inserir essa frase), os judeus subordinaram a percepção sensorial do espírito, menosprezaram a magia e o misticismo, foram convidados a realizar "avanços na intelectualidade" (tomo a frase da tradução de Strachey, já que ela foi inexplicavelmente deixada de fora por Jones: a palavra alemã é *Geistigkeit*) e "foram encorajados a progredir na espiritualidade e sublimação". O restante desse progresso, porém, estaria por vir com maior ou menor grau de felicidade:

> O povo, feliz em sua convicção de possuir a verdade, tomado pela consciência de ser o escolhido, veio a valorizar imensamente todas as realizações intelectuais e éticas. Também demonstrarei como o seu triste destino e os desapontamentos que a realidade lhes guardava, puderam fortalecer todas essas tendências.[15]

Uma análise ainda mais detalhada da relação entre a identidade judaica de Freud e suas atitudes, bem como ações,

---

[14] Yerushalmi, *Freud's Moses*. Cit., p. 13. [Ed. bras.: *O Moisés de Freud*. Cit.]

[15] Apud Yerushalmi. Cit., p. 108-9.

FREUD E OS NÃO-EUROPEUS 67

bastante convolutas *vis-à-vis* o sionismo, é apresentada por Jacquy Chemouni em *Freud e o sionismo: terra psicanalítica, terra prometida*[16]. Apesar de Chemouni concluir que Herzl e Freud dividiram entre si o mundo judeu – o primeiro, situando a judeidade em um local específico, o segundo optando, pelo contrário, pelo terreno do universal –, o livro apresenta uma tese ousada sobre Roma, Atenas e Jerusalém, que se aproxima bastante das visões antitéticas de Freud da história e do futuro da identidade judaica. Roma, é claro, foi o edifício visível que atraiu Freud – talvez, diz Chemouni, porque tenha visto na cidade a destruição do templo de Jerusalém e um símbolo do exílio do povo judeu e, como resultado, o início do desejo de reconstruir o templo na Palestina. Atenas foi uma cidade da mente, uma representação, de maneira geral, mais adequada da dedicação de toda a vida de Freud à realização intelectual. Vista dessa posição privilegiada, a Jerusalém concreta seria uma atenuação do ideal espiritual ascético, mesmo que também a percepção de que se pode lidar com a perda por meio do trabalho coordenado que foi de fato o sionismo.

O que me parece interessante – se aceitamos, seja a visão sofisticada de Yerushalmi, de Freud enquanto um judeu forçado a ceder à realidade de seu povo na Europa fascista e na Viena anti-semita em particular, seja a triangulação mais complexa (um pouco imaginativa?) e em grande medida não resolvida, de

---

[16] Jacquy Chemouni, *Freud et le sionisme: terre psychanalytique, terre promise.* Malakoff, Solin, 1988. [Ed. bras.: *Freud e o sionismo: terra psicanalítica, terra prometida.* Rio de Janeiro, Imago, 1992.]

Chemouni, do dilema entre exílio e pertencimento – é que há um elemento que continua importunando e causando desconforto para aqueles que pensam essas questões de identidade em termos uniformemente positivos ou negativos. Esse elemento é a questão do não-judeu, que Freud relega ao final de *Moisés e o monoteísmo*. Os judeus, ele diz, sempre atraíram o ódio popular, nem todo ele baseado em razões tão boas quanto a acusação da crucificação de Cristo. Duas das razões do anti-semitismo são na verdade variações da mesma: que os judeus são estrangeiros e que são "diferentes" dos seus hóspedes; a terceira razão, fornecida por Freud, é que, não importa quão oprimidos sejam os judeus, "eles desafiam a opressão, [de forma que] mesmo as perseguições mais cruéis não conseguiram exterminá-los. Pelo contrário, eles demonstram uma capacidade para se afirmar na vida prática e, ali onde são admitidos, contribuem valiosamente à civilização local". Quanto à acusação de os judeus serem estrangeiros (o contexto implicado é evidentemente europeu), Freud nem a considera porque em países como a Alemanha, onde o anti-semitismo é perene, os judeus estiveram presentes por mais tempo, chegaram junto com os romanos. Sobre a acusação de os judeus serem diferentes dos seus hóspedes, Freud responde, indiretamente, que não o são "fundamentalmente", já que não são "uma raça asiática estrangeira, mas consistem majoritariamente nos remanescentes dos povos mediterrâneos e herdam a sua cultura"[17].

---

[17] Sigmund Freud, *Moses and Monotheism*. Cit., p. 116.

À luz dos primeiros comentários de Freud sobre a origem egípcia de Moisés, as distinções que ele traça aqui me parecem fracas, insatisfatórias e não convincentes. Em diversas ocasiões, Freud descreveu a si mesmo, no que dizia respeito a sua língua e cultura, como alemão e, também, judeu. No decorrer da sua correspondência e dos escritos científicos, ele se mostra bastante sensível a questões de diferença cultural, racial e nacional. Para o europeu de antes da Segunda Guerra Mundial, porém, o termo "não-europeus" era relativamente pouco definido, designando aqueles que vinham de fora da Europa – os asiáticos, por exemplo. Mas estou convencido de que Freud estava ciente de que dizer dos judeus, simplesmente, que eles eram os remanescentes da civilização mediterrânea e que, portanto, não eram fundamentalmente diferentes, era estrondosamente discordante da sua demonstração de força nas origens egípcias de Moisés. Pode ser, talvez, que a sombra do anti-semitismo, alastrando-se tão ameaçadoramente sobre o seu mundo na última década de sua vida, tenha feito com que ele tentasse ajeitar os judeus do lado de dentro, por assim dizer, do espaço europeu protetor.

Mas, se avançarmos rapidamente, do imediato pré ao imediato pós-Segunda Guerra Mundial, notaremos imediatamente a maneira como designações do tipo "europeu" e "não-europeu" dramaticamente adquirem ressonâncias mais sinistras do que aparentemente Freud podia conceber. Há, é claro, a acusação feita pelo nazismo, como codificada nas leis de Nuremberg, de que os judeus eram estrangeiros e, portanto, descartáveis. O Holocausto constituiu um pavoroso monumento, se é que cabe

70 FREUD E OS NÃO-EUROPEUS

a palavra, a essa designação e a todo o sofrimento que a acompanhou. Depois, a oposição binária judeu-versus-não-europeu recebe um tratamento quase que literal demais no desenrolar da narrativa, no capítulo-clímax sobre a colonização sionista da Palestina. De repente, o mundo de *Moisés e o monoteísmo* ganha vida nessa pequena faixa de terra no Mediterrâneo oriental. Em 1948, os não-europeus relevantes já estavam corporificados nos árabes autóctones da Palestina e, apoiando-os, os egípcios, sírios, libaneses e jordanianos, descendentes das várias tribos semitas, incluindo os árabes madianitas, com quem os israelitas primeiro se encontraram ao sul da Palestina e com quem mantiveram um rico intercâmbio.

Nos anos posteriores a 1948, quando Israel se estabeleceu como um Estado judeu na Palestina, no que outrora fora uma população diversa, multirracial, de vários povos diferentes – europeus e não-europeus, como era o caso –, houve, novamente, uma re-esquematização de raças e povos que, para aqueles que estudaram o fenômeno na Europa dos séculos XIX e XX, mais pareceu uma paródia das divisões tão assassinas de antes. Nesse cenário, Israel foi internacionalmente adotado pelo Oeste atlântico (na realidade, já tinha recebido direitos sobre a Palestina com a Declaração Balfour de 1917) na qualidade, com efeito, de um Estado quase europeu cujo destino, ao que tudo indicava – em uma asseveração arrepiante do argumento fanônico –, era manter os povos indígenas não-europeus sob controle pelo maior tempo possível.

Os árabes se uniram ao mundo não-alinhado, sustentado pela luta global contra o colonialismo, como foi descrito por

Fanon, Cabral, Nkrumah e Césaire. Dentro de Israel, a principal determinação classificadora foi que aquele seria um Estado para judeus, enquanto os não-judeus, ausentes ou presentes como muitos eram, tornaram-se juridicamente estrangeiros, não obstante sua residência prévia no local. Pela primeira vez, desde a destruição do Segundo Templo, a consolidação da identidade judaica ocorreu no antigo local que, como nos tempos bíblicos, era ocupado por diversas outras nações, raças, povos, agora tornados estrangeiros ou levados ao exílio, ou ambos.

Percebe-se, talvez, aonde quero chegar. Para Freud, pensando e escrevendo em meados da década de 1930, a atualidade do não-europeu consistia na sua presença constitutiva como uma espécie de fissura na figura de Moisés – fundador do judaísmo e, assim mesmo, um não-judeu do Egito antigo. Yahveh derivou da Arábia, que também era não-judia e não-européia. Mas as realidades egípcias contemporâneas a Freud, bem como a abundante história antiga do Egito – exatamente como para Verdi escrevendo *Aída* –, tinham interesse porque haviam sido mediadas, e apresentadas para o uso, pela intelectualidade européia, principalmente por meio do livro de Ernest Sellin, uma das fontes de *Moisés e o monoteísmo*[18]. Há uma simetria quase perfeita demais no fato de Naguib Mahfouz, o grande gênio da narrativa no Egito, escrever um romance sobre Akenaton, *Dweller in Truth* (Residente da verdade)[19]. Apesar de

---

[18] Ernest Sellin, *Moses und Seine Bedeutung für die israelitische-jüdischer Religionsgeschichte*. Leipzig, 1922.

[19] Naguib Mahfouz, *Akhenaten: Dweller in Truth*. Trad. T. Abu-Hassabo, Nova York, Anchor Books, 1988.

o romance ser tão complexo quanto qualquer uma de suas histórias e de muitos pontos de vista terem sido explorados para compreender retrospectivamente quem foi Akenaton, não há nenhuma menção da presença incipiente do judaísmo em Moisés, o homem. O romance é tão absolutamente egípcio quanto Israel seria judaica.

Acho que Freud não podia imaginar que teria leitores não-europeus ou que, no contexto da luta pela Palestina, teria leitores palestinos. Mas teve e tem. Vejamos rapidamente o que acontece com as suas escavações – tanto figurativa quanto literalmente – a partir desse novo conjunto de perspectivas inesperadamente turbulentas e surpreendentemente relevantes. Eu diria, em primeiro lugar, que, partindo do sofrimento do anti-semitismo especificamente europeu, o estabelecimento de Israel em um território não-europeu consolidou a identidade judaica politicamente, em um Estado que assumiu posições legais e políticas muito específicas, efetivamente para isolar essa identidade de tudo o que fosse não-judeu. Definindo a si próprio como um Estado de e para o povo judeu, Israel instaurou direitos exclusivos, de imigração e posse de terra, para os judeus, não obstante os antigos habitantes não-judeus e atuais cidadãos não-judeus, cujos direitos foram atenuados no caso desses e ab-rogados retrospectivamente no caso daqueles. Os palestinos que viveram na Palestina pré-1948 não podem nem retornar (no caso dos refugiados) nem ter acesso à terra como têm os judeus. Muito distante do espírito dos apontamentos deliberadamente provocativos de Freud, de que o fundador do judaísmo era um não-judeu e de que o judaísmo começou nos domínios do monoteísmo egípcio e não-judeu, a legislação israelense combate, reprime e até cancela a, cuidadosamente mantida, abertura de Freud, da identidade judaica em relação ao seu passado não-judeu. As complexas camadas do passado, por assim dizer, foram eliminadas por uma Israel oficial. Dessa maneira – na medida em que o leio no contexto das políticas ideologicamente conscientes de Israel – Freud, por contraste, deixou um espaço considerável para acomodar os ancestrais e contemporâneos não-judeus do judaísmo. Isto é: ao escavar a arqueologia da identidade judaica, Freud insistiu em que ela não teve início em si mesma, mas sim em outras identidades (egípcia e árabe), e percorreu um longo caminho em *Moisés e o monoteísmo* para a descobrir, demonstrar e portanto restaurar ao escrutínio. Essa outra história não-judaica, não-européia, foi apagada e já não figura naquilo que diz respeito a uma identidade judaica oficial.

Mais relevante, penso eu, é o fato de que, devido a uma das conseqüências geralmente ignoradas do estabelecimento de Israel, os não-judeus – nesse caso, os palestinos – foram deslocados para um lugar onde, no espírito das escavações de Freud, podem indagar: o que adveio dos traços da sua história que tinha estado tão profundamente implicada na atualidade da Palestina antes de Israel? Para obter uma resposta, quero me voltar do âmbito da política e da lei para um domínio muito mais próximo da avaliação de Freud das origens do monoteísmo judeu. Acho que estou certo ao presumir que Freud mobilizou o passado não-europeu para minar qualquer tentativa doutrinária de assentar a identidade judaica em uma fundação sólida, seja ela religiosa, seja secular. Não surpreendentemente, veremos que, quando a identidade judaica foi consagrada pelo estabelecimento de Israel, a arqueologia foi a ciência invocada para a tarefa de consolidar aquela identidade em tempos seculares; aos rabinos, bem como aos intelectuais especializados na "arqueologia bíblica", foram atribuídos os domínios da história sagrada[20]. Nota-se que um imenso número de entusiastas e praticantes da arqueologia – de William Albright e Edmund Wilson a Yigal Yadin, Moshe Dayan e até Ariel Sharon – afirmaram que a arqueologia é a ciência israelense privilegiada *par excellence*. Como disse o renomado arqueólogo israelense Magen Broshi:

> O fenômeno israelense, de uma nação retornando para a sua velha-nova terra, não tem paralelo. É uma nação em processo de renovação do conhecimento de sua própria terra, e aqui a arqueologia exerce um papel importante. Nesse processo, a arqueologia é parte de um sistema maior conhecido como *yedi'at ha-Aretz*, conhecimento da terra (o termo hebraico é derivado provavelmente do alemão *Landeskunde*)... Os imigrantes europeus encontraram um país em relação ao qual sentiam, paradoxalmente, tanto familiaridade como estranheza. Em Israel, um Estado *sui generis*, a arqueologia serviu como meio para dissipar a alienação de seus novos cidadãos.[21]

---

[20] Cf. Keith W. Whitelam, *The Invention of Ancient Israel: The Silencing of Palestinian History*. Londres, Routledge, 1996.

[21] Apud Nadia Abu el-Haj, *Facts on the Ground: Archeological Practice and Territorial Self-Fashioning in Israeli Society*. Chicago, University of Chicago Press, 2002, p. 48.

Torna-se assim, a arqueologia, o principal caminho para a identidade judaico-israelense. Afirma-se reiteradamente que na atual terra de Israel, graças à arqueologia, a Bíblia se materializa, a história ganha carne e osso, o passado é recobrado e posto em ordem dinástica. Tais afirmações, é claro, nos conduzem de forma surpreendente não apenas ao sítio documental da identidade judaica tal qual explorada por Freud, mas a seu oficialmente (devemos dizer também: forçosamente) sancionado local geográfico, o Estado moderno de Israel. O que descobrimos é uma tentativa extraordinária e revisionista de colocar uma nova estrutura positiva da história judaica no lugar dos últimos esforços, *insistentemente* mais complexos e descontínuos, de Freud, para examinar a mesma coisa, não obstante em um espírito inteiramente "diaspórico" e com resultados diferentes, descentralizadores.

É um bom momento para dizer que devo muito ao trabalho da jovem pesquisadora Nadia Abu el-Haj, cujo livro principal se chama *Facts on the Ground: Archeological Practice and Territorial Self-Fashioning in Israeli Society* (Fatos na terra: prática arqueológica e a utilização territorial na sociedade israelense). O que ela fornece, primeiramente, é uma história da exploração arqueológica colonial sistemática, desde os trabalhos britânicos em meados do século XIX. Depois, ela dá seqüência à história ainda no período anterior ao estabelecimento do Estado de Israel, ligando a própria prática da arqueologia a uma nascente ideologia nacional – uma ideologia com planos para a re-possessão da terra por meio da sua reocupação e re-nomeação, muito da qual recebeu justificativa arqueológica, como uma extração esquemática de identidade judaica, não obstante a existência de nomes árabes e de traços de outras civilizações. Esse esforço, ela argumenta convincentemente, preparou epistemologicamente o caminho para uma noção plena da identidade judaico-israelense pós-1948, baseada na reunião de discretas particularidades arqueológicas – remanescentes dispersos da maçonaria, tabuletas, ossos, tumbas etc. – em uma espécie de biografia espacial da qual Israel emerge "visivelmente e lingüisticamente como o lar nacional judeu"[22].

Mais significativamente, ela argumenta que essa biografia quase-narrativa de uma terra permite – se de fato não causa – e é conivente com um estilo particular de assentamento colonial que governa práticas concretas como a utilização de buldôzeres, a falta de disposição para explorar histórias não israelenses (isto é, hasmonianas) e o hábito de transformar uma presença judaica intermitente e dispersa, composta de ruínas espalhadas e fragmentos enterrados, em uma continuidade dinástica, apesar das evidências contrárias e apesar das evidências de histórias endógenas não-judaicas. Em todo lugar onde há claras e incontestáveis evidências de uma multiplicidade de outras histórias, como no palimpsesto maciço de arquitetura bizantina, das cruzadas, hasmoniana, israelita e muçulmana de Jerusalém, a regra é as enquadrar e tolerar como um aspecto da cultura liberal israelense, mas também afirmar a preeminência nacional israelense, minando a desaprovação dos judeus ortodoxos quanto

---

[22] Ibid., p. 74.

ao sionismo moderno, tornando Jerusalém cada vez mais um sítio nacional-judaico[23].

A desconstrução meticulosa da arqueologia israelense, efetuada por Abu el-Haj, é também a história da negação da Palestina árabe, que, por motivos óbvios, foi vista como não merecedora de uma investigação similar. Mas com a emergência, em Israel durante os anos 1980, da história pós-sionista revisionista e, simultaneamente, o crescimento gradual da arqueologia palestina como uma prática da luta de libertação dos últimos cerca de vinte anos, estão sendo questionadas as atitudes de estilo hereditário de uma arqueologia exclusivamente bíblica. Eu gostaria de ter tempo para adentrar no tema e discutir como as teses nacionalistas de histórias separadas, israelense e palestina, estão moldando as disputas arqueológicas na Cisjordânia e como, por exemplo, a atenção dos palestinos voltada para o acúmulo muito rico de histórias dos vilarejos e tradições orais altera potencialmente o *status* dos objetos, de monumentos e artefatos mortos, destinados aos museus e parques temáticos históricos aprovados, para os remanescentes de uma vida nativa continuada e de práticas palestinas vivas de uma ecologia humana sustentável[24].

---

[23] Veja, nesse contexto, Glenn Bowersock, "Palestine: Ancient History and Modern Politics", em Edward W. Said e Christopher Hitchens (Orgs.), *Blaming the Victims: Spurious Scholarship and the Palestinian Question.* Londres, Verso, 1988. Curiosamente, esse estudo não é mencionado por Abu el-Haj, que nos demais aspectos é muito rigorosa na sua pesquisa.

[24] Veja também a história dramática relatada em Edward Fox, *Palestine Twilight: The Murder of Dr. Albert Glock and the Archeology of the Holy Land.* Londres, Harper Collins, 2001.

As agendas nacionalistas, no entanto, tendem a se assemelhar, especialmente quando os diferentes lados de uma disputa territorial buscam legitimidade em atividades tão maleáveis quanto a reconstrução do passado e a invenção da tradição. Abu el-Haj tem razão, portanto, quando sugere que, apesar de prevalecer um compromisso iluminista fundamental com a unidade das ciências, elas estão na prática bem desunidas. Podem-se imediatamente captar as formas pelas quais a arqueologia, no contexto israelense e no contexto palestino, não é a mesma ciência. Para um israelense, a arqueologia comprova a identidade judaica em Israel e racionaliza um tipo particular de assentamento colonial (isto é, um fato na terra); para um palestino, a arqueologia deve ser desafiada para que aqueles "fatos", e as práticas que lhes atribuíram uma espécie de *pedigree* científico, sejam abertos para a existência de outras histórias e uma multiplicidade de vozes. A partilha (como é vista desde o processo de Oslo de 1993) não elimina a disputa entre as narrativas nacionais competidoras: pelo contrário, tende a sublinhar a incompatibilidade de um lado com o outro, incrementando a noção de perda e a extensão da relação de ressentimentos.

Gostaria de finalmente retornar a Freud e ao seu interesse pelos não-europeus, no que tange a sua tentativa de reconstruir a história primitiva da identidade judaica. O que nela me parece tão atrativo é que Freud fez um esforço especial para jamais minimizar ou menosprezar o fato de que Moisés foi um não-europeu – principalmente como, nos termos da sua argumentação, o judaísmo moderno e os judeus são vistos principalmente como europeus, ou pelo menos como pertencentes

FREUD E OS NÃO-EUROPEUS   79

mais à Europa do que à Ásia ou África. Devemos mais uma vez
perguntar: por quê? Freud certamente não via a Europa como a
malévola potência colonizadora descrita algumas décadas depois
por Fanon e pelos críticos do eurocentrismo e, a não ser por
seu comentário profético sobre o despertar da ira dos árabes
palestinos diante da atribuição de uma importância indevida
a monumentos judeus, ele não tinha a mais remota idéia do
que aconteceria após 1948, quando os palestinos gradualmente
perceberam que aqueles vindos de fora, para tomar sua terra e
nela se estabelecer, pareciam exatamente com os franceses que
foram para a Argélia: europeus com um direito à terra supe-
rior ao dos nativos não-europeus. Freud tampouco – a não ser
muito brevemente – parou para pensar como poderia ser forte,
e muitas vezes violenta, a reação de árabes decididamente não-
-europeus contra a expressão forçada da identidade judaica na
realização nacionalista do judaísmo pelo movimento sionista.
Ele admirava Herzl, mas penso que estaria correto dizer que,
a maior parte do tempo, ele hesitou – de fato, oscilou – no
que dizia respeito ao sionismo. De um ponto de vista instru-
mental, Moisés tinha de ser um não-europeu para que, em o
assassinando, os israelitas tivessem o que reprimir, e também o
que invocar, elevar e espiritualizar no curso da sua grande aven-
tura de reconstrução de Israel além-mar. Esta seria uma forma
de interpretar aquilo que Yerushalmi denomina o judaísmo
sem fim de Freud: que ele estava condenado a lembrar aquilo
que não poderia esquecer facilmente, mas que mesmo assim
continuava pressionando, tornando Israel mais forte e mais
poderosa.

80 Freud e os não-europeus

Mas esta, penso, não é a única opção interpretativa. Outra, mais cosmopolita, nos é fornecida pelo conceito de judeu não-judeu de Isaac Deutscher. Segundo Deutscher, pensadores heréticos como Espinoza, Marx, Heine e Freud constituíram uma importante tradição de dissensão no interior do judaísmo. Eles foram profetas e rebeldes, primeiro perseguidos e logo excomungados por suas próprias comunidades. Suas idéias constituíram críticas poderosas da sociedade; eram pessimistas que acreditavam que o comportamento humano era governado por leis científicas; seu pensamento era dialético e concebia a realidade como dinâmica, não estática, e a realidade humana era para eles (como no caso de Freud) tipificada pelo *homme moyen sensuel*, "cujos desejos e anseios, escrúpulos e inibições, ansiedades e dificuldades, são essencialmente os mesmos, não importando a que raça, religião ou nação ele pertença"; eles "concordam na relatividade dos padrões morais", sem atribuir a nenhuma raça, cultura ou Deus o monopólio da razão ou da virtude; finalmente, diz Deutscher, "eles acreditavam na solidariedade ulterior do homem", apesar de os horrores de nosso tempo no século XX terem compelido os judeus a abraçar o Estado-nação (que é "a consumação paradoxal da tragédia judaica"); apesar de, como judeus, terem outrora pregado "a sociedade internacional de iguais, sendo os judeus livres de toda ortodoxia e nacionalismo judeu e não-judeu"[25].

---

[25] Isaac Deutscher, *The Non-Jewish Jew and Other Essays*. Cit., p. 35, 40. [Ed. bras.: *O judeu não-judeu e outros ensaios*. Cit.]

A relação desconfortável de Freud com a ortodoxia de sua própria comunidade é, em grande medida, parte do complexo de idéias tão bem descrito por Deutscher, que se esquece de mencionar aquilo que na minha visão seria um de seus componentes essenciais: seu caráter irremediavelmente diaspórico, desalojado. Esse é um tema que George Steiner tem celebrado, há vários anos, com grande *élan*. Mas eu gostaria de qualificar o sentido das palavras de Deutscher, dizendo que aquela não precisaria ser vista como uma característica apenas judaica; em nossa era de vastas transferências populacionais, de refugiados, exilados, expatriados e imigrantes, ela também pode ser encontrada na consciência diaspórica, errante, vacilante, cosmopolita, da alguém que está tanto dentro como fora de sua comunidade. Atualmente, esse é um fenômeno relativamente disseminado, ainda que seja rara a compreensão do significado dessa condição. Sem simplificar a identidade em alguns dos rebanhos religiosos ou nacionalistas para os quais tantas pessoas correm desesperadamente, a insistência e as meditações de Freud sobre os não-europeus, a partir de um ponto de vista judaico, fornecem um esboço admirável do que acarreta semelhante condição. Mais ousada é a exemplificação profunda de Freud do *insight* de que até para as mais definíveis, as mais identificáveis, as mais obstinadas identidades comunais – para ele, esta era a identidade judaica – existem limites inerentes, que as impedem de ser totalmente incorporadas em uma, e apenas uma, Identidade.

O símbolo que Freud empregou daqueles limites foi o fato de o fundador da identidade judaica ser ele mesmo um egípcio não-judeu. Em outras palavras, a identidade não pode ser pensada nem trabalhada em si mesma; ela não pode se constituir nem sequer se imaginar sem aquela quebra ou falha original radical que não será reprimida, porque Moisés era egípcio e, portanto, sempre esteve fora da identidade dentro da qual tantos se posicionaram e sofreram – e depois, talvez, até triunfaram. A força desse pensamento, acredito, é que ele pode ser articulado dentro e dirigir-se a outras identidades sitiadas; não por meio de paliativos como a tolerância e a compaixão, mas sim as tratando como feridas seculares, perturbadoras, desabilitadoras, desestabilizadoras – a essência do cosmopolita, da qual não há recuperação, nenhum estado de tranqüilidade, resolvida ou estóica, e nenhuma reconciliação utópica, nem sequer consigo mesma. Essa é uma experiência psicológica necessária, diz Freud, mas o problema é que ele nem sequer indica por quanto tempo ela deve ser tolerada ou se, propriamente dito, ela tem uma verdadeira história – sendo a história sempre aquela que vem depois e, quase sempre, ou passa por cima ou reprime a falha. Portanto, as questões que Freud nos deixa são: pode uma história tão absolutamente indefinida e tão profundamente indeterminada algum dia *ser* escrita? Em que língua e com que tipo de vocabulário?

Ela pode aspirar à condição de uma política de vida na diáspora? Ela pode algum dia se tornar a fundação não-tão-precária, na terra de judeus e palestinos, de um Estado binacional no qual Israel e Palestina sejam partes e não antagonistas da história e da realidade subjacente um do outro? Eu mesmo acredito que sim – devido tanto à riqueza do exemplo do sentido de identidade não resolvida de Freud como ao fato de que a condição que ele tanto se esforçou para elucidar é na realidade mais generalizada no mundo não-europeu do que ele mesmo suspeitava.

APRESENTANDO JACQUELINE ROSE
Christopher Bollas

Há algo de bizarro em viajar a um país ao qual não se sente "pertencer" no sentido de não ter nenhuma ligação vivida, não para mim, não no passado de minha família; um país ao qual, portanto, eu não retornava, mas onde apenas dizê-lo já é em si, aos olhos do próprio país, repreensível. Na qualidade de mulher judia, não retornar a Israel, não sentir um sentido de pertencer, não reconhecer o próprio fato e existência de Israel como um retorno histórico, é romper em cada instância com os parâmetros simbólicos da nação... Esta é uma nação que deseja que seus potenciais cidadãos exilados, judeus da diáspora, retornem para o lar, com o mesmo fervor que tira aos ocupantes anteriores dessa terra o seu próprio sonho de criação de um Estado.

Assim escreve Jacqueline Rose em seu livro *States of Fantasy*. Como disse Edward Said, Rose faz esta observação para estabelecer uma perspectiva transformadora e é daqui que ela critica certas perspectivas pós-modernas:

Eu acho que é por esse motivo que o dilema pós-moderno de pertencer a todos os lugares e nenhum lugar ao mesmo tempo nunca soou correto. Há algo nesta visão de identidade livre que parece carente de história e paixão.[1]

As "Clarendon Lectures", da professora Rose, apresentadas em 1994, foram estruturadas em parte sobre a sua resposta a dois eventos – o tratado de paz de 1993 entre Israel e a OLP e a primeira eleição não-racial na África do Sul em 1994 – e ela aplica sua própria perspectiva psicanalítica muito particular para discutir como a fantasia conduz "a si própria" nos assuntos de Estado; ou, como ela propõe, com característica lucidez:

> a psicanálise pode nos ajudar a entender o sintoma do Estado, por que é que há algo no interior do próprio processo mantendo o Estado como realidade, que o ameaça e que vai além dele.[2]

Rose muitas vezes coloca a psicanálise em termos de sexualidade feminina e, ao longo dos anos, ela vem se estabelecendo como uma das principais críticas feministas de nosso tempo. Assim como Edward Said, ela escreve com uma confrontação lírica dos escritores e assuntos aos quais se opõe, porém nunca com uma postura de superioridade – tão somente como o escrever sobre pensamento, o escrever como engajamento, não como anulação. Mesmo quando ela desconstrói nosso prazer na história de Peter Pan, ela nos devolve algo, assim como nos tira alguma coisa:

> Peter Pan é uma fachada, um disfarce, não como algo que esconde, mas como veículo para o que há de mais incerto e desconcertante sobre a relação entre um adulto e uma criança. Mostra

---

[1] Jacqueline Rose, *States of Fantasy*. Oxford, Clarendon Press, 1996, p. 2.

[2] Ibid., p. 10.

APRESENTANDO JACQUELINE ROSE   89

a inocência, não como uma propriedade da infância, mas como uma porção do desejo adulto.[3]

Rose é autora de seis livros: *Feminine Sexuality: Jacques Lacan and the école freudienne* (com Juliet Mitchell); *The Case of Peter Pan or the Impossibility of Children's Fiction*; *Sexuality in the Field of Vision*; *The Haunting of Sylvia Plath*; *Why War?*; *States of Fantasy*; *Jacques Lacan e a questão da formação dos analistas* (que ela traduziu); e, mais recentemente, o seu largamente aclamado primeiro romance, *Albertine*.[4]

Seus alunos, colegas e amigos encontram em Jacqueline Rose uma pessoa de visão meticulosa, que expressa a diferença com grande cuidado, como veremos em sua discussão da fala do professor Said. Por isso, e por outros aspectos de sua generosidade pessoal, nós lhe agradecemos por sua discussão essa noite e por sua participação neste evento.

Jacqueline Rose é professora de Inglês em Queen Mary & Westfield College, na Universidade de Londres.

---

[3] Jacqueline Rose, *The Case of Peter Pan or the Impossibility of Children's Fiction*. Londres, Macmillan, 1984, p. xii.

[4] Juliet Mitchell e Jacqueline Rose, *Feminine Sexuality: Jacques Lacan and the école freudienne*. Londres, Macmillan, 1982; *The Case of Peter Pan or the Impossibility of Children's Fiction*; *Sexuality in the Field of Vision*. Londres, Verso, 1986; *The Haunting of Sylvia Plath*. Londres, Virago, 1991; *Why War? Psychoanalysis, Politics and the Return to Melanie Klein*. Oxford, Blackwell, 1993; *States of Fantasy*. Oxford, Clarendon Press, 1996; Moustapha Safouan, *Jacques Lacan and the Question of Psychoanalitical Training* (trad. e org.). Londres, Macmillan, 2000 [Ed. bras.: *Jacques Lacan e a questão da formação dos analistas*. Porto Alegre, Artes Médicas, 1985.]; *Albertine*. Londres, Chatto, 2001.

RESPOSTA A EDWARD W. SAID
Jacqueline Rose

O interesse de Edward Said por Freud não é recente – remonta provavelmente a um período anterior ao início de sua carreira como escritor, que eu associo, apropriadamente, a *Beginnings*, seu estudo magistral sobre a gênese literária, que apareceu nos Estados Unidos em 1975, mas foi publicado na Grã-Bretanha há apenas quatro anos. Num longo segmento dedicado ao texto de *A interpretação dos sonhos*, ele já analisa o pelejar de Freud com a gênese e a escrita de seu próprio texto. Como pode Freud autorizar um "tipo de conhecimento tão devastador a ponto de ser insuportável às nossas vistas e apenas um pouco mais suportável como um tema de interpretação psicológica"[1]?

Retornando a Freud hoje – e ele deverá me corrigir se houve outros retornos anteriores – Edward Said nos oferece *Moisés*

---

[1] Edward Said, *Beginnings*. Cit., p. 170.

e o monoteísmo como nada menos que uma parábola política para os nossos tempos. Num gesto de audácia assustadora – a meu ver – e inquestionável genialidade, que não deverá ter surpreendido ninguém aqui presente, Said nos disse hoje que a relação parcial, fragmentada, perturbada e às vezes auto-contestadora de Freud com sua própria judeidade pode nos dar um modelo da identidade no mundo moderno. Freud não viveu para ver toda a extensão dos horrores da Segunda Guerra Mundial. Nem testemunhou, e talvez isso tenha maior significado para o nosso contexto, a fundação e a história sub-seqüente do Estado de Israel, nem a confusão que sua criação e existência introduziram na terra palestina. Mas, com incrível presciência, Freud – em sua visão de um povo gerado por um estrangeiro – oferece um desafio anterior ao que há de mais intransigente na atual relação de Israel tanto com os palestinos como consigo próprio. Para colocá-lo da forma mais simples possível: nas leituras de Said, como eu as entendo, *Israel reprime Freud.* Essas linhas são do fim da palestra:

> Muito distante do espírito dos apontamentos deliberadamente provocativos de Freud, de que o fundador do judaísmo era um não-judeu e que o judaísmo começou nos domínios do mo-noteísmo egípcio e não-judeu, a legislação israelense *combate, reprime e até cancela* a, cuidadosamente mantida, abertura de Freud, da identidade judaica em relação ao seu passado não--judeu. As complexas camadas do passado ... foram *eliminadas* por uma Israel oficial.

Ao ler Freud dessa maneira, Said também nos oferece uma demonstração exemplar do modelo de leitura que ele defendeu no início da palestra (defendeu, podemos acrescentar, contra alguns de seus próprios críticos). Lê-se um autor histórico não pelo que ele deixou de ver, não pelas coisas que sua ideologia não conseguiu antever – muito fácil, muito programático na academia literária nos últimos anos –, mas pela história ainda-não-vivida, ainda-em-formação, que sua visão – o que compreende necessariamente as limitações daquela visão – parcialmente, experimentalmente, prevê e provoca. A tarefa de tal leitura é "dramatizar as latências numa forma ou figura anterior que de repente esclarecem o presente". Isso é história, para utilizar a famosa expressão de Walter Benjamin, agarrando uma memória "tal como ela relampeja no momento de um perigo". "Pois irrecuperável é cada imagem do passado", escreve Benjamin, "que se dirige ao presente, sem que esse presente se sinta visado por ele."[2] Said nos apresenta um Freud no presente, ou melhor, "de uma forma que poderá somente lembrar como Freud foi e como não foi ouvido em seu próprio tempo". Ele oferece Freud ao presente, para um mundo, ou ao menos para "uma pequenina lasca de terra no Mediterrâneo oriental", que se recusa a escutar.

Uma parábola política, portanto, um modelo de leitura, mas nem por isso menos vigorosamente, na minha visão, um lamento. Freud não nos oferece um consolo, uma uto-

---

[2] Walter Benjamin, "These on the Philosophy of History", *Illuminations* (introdução de Hannah Arendt, trad. Harry Zohn). Londres, Fontana, 1970, p. 257. [Ed. bras.: "Sobre o conceito da história". In: *Walter Benjamin: Magia e técnica, arte e política*. Trad. Sérgio Paulo Rouanet. São Paulo, Brasiliense, 1985.]

96 FREUD E OS NÃO-EUROPEUS

pia – tendo sido, é claro, famoso por isso –, mas uma fissura ou ferida no coração da identidade coletiva. Nas palavras de Said, novamente, ele se recusa a "simplificar a identidade em alguns dos rebanhos religiosos ou nacionalistas para os quais tantas pessoas correm desesperadamente". Nas mãos de Said, portanto, a "transgressividade intransigente e irritadiça" do "estilo tardio" de Freud – que, talvez não intencionalmente, soa como uma maravilhosa descrição do que muitos de nós tanto adoramos sobre o próprio Said – anuncia no domínio político aquilo que Freud tantas vezes disse a seus pacientes: aprendam a viver sem ficções consoladoras, pois é na morte destas fantasias anestesiantes e perigosas que se encontra sua única esperança. Falamos aqui não de identidades inteiras, nem mesmo divididas, mas *quebradas*. Em um recente artigo, Marc Ellis, professor de Estudos Americanos e Judaicos na Universidade Baylor, coloca a pergunta: "E se o centro da Jerusalém contemporânea fosse visto como *quebrado*, em vez de salvador, e, compartilhado nessa condição de quebrado, em vez de dividido pela vitória e pela derrota?"[3]

Acho essa visão inspiradora, mesmo que difícil, e compartilho de muitas de suas preocupações éticas e políticas. Mas, na qualidade de mulher judia para a qual a judeidade assume a forma de um questionamento sem fim, tenho também algumas perguntas – não exatamente discordâncias, mas que talvez sejam

---

[3] Marc Ellis, "The Boundaries of Our Destiny: A Jewish Reflection on the Biblical Jubilee on the Fiftieth Anniversary of Israel". In: Naim Ateek e Michael Prior (orgs.), *Holy Land Hollow Jubilee. God, Justice and the Palestinians*. Londres, Melisende, 1999, p. 244.

fonte de desapontamento para alguns dos senhores e um grande alívio para outros, mas de todo modo perguntas que, eu espero, podem contribuir para o debate. Elas se voltam, primeiro, para a relação de Freud com sua judeidade, que Said caracteriza como sendo "muito mal resolvida"; segundo, sobre essa questão de identidades quebradas, e aquilo que Freud tem a dizer em *Moisés e o monoteísmo* sobre o trauma – especificamente, como o trauma pode levar não ao caráter aberto das identidades da diáspora, mas, pelo contrário, ao dogma e ao delírio.

Said o coloca de forma severa, e acredito, justa, quando comenta: "dizer que a relação de Freud com o judaísmo era conflituosa é arriscar-se a uma subconstatação". Para Said, a fissura na identidade judaica de Freud ocorria entre sua habilidade, em *Moisés e o monoteísmo*, em conceber a judeidade como fundada num passado não-europeu – egípcio – e aqueles outros momentos de sua produção – que ele descreve como "fracos, insatisfatórios e pouco convincentes", "discordantes" – quando Freud parece, pelo contrário, estar tentando estabelecer as credenciais européias do povo judeu, como "não uma raça estrangeira asiática, mas [consistindo] principalmente nos remanescentes de povos mediterrâneos e [herdeiros] de sua cultura". "Acho que estou certo ao concluir que Freud mobilizou o passado não-europeu para minar qualquer tentativa doutrinária de assentar a identidade judaica em uma fundação sólida". Poder-se-ia dizer ,então, que Freud nunca é tão autêntico consigo próprio como quando ele distancia o judeu de sua afiliação européia. Nós quase que poderíamos remover os "plurais" do título da palestra "Freud e os não-europeus"

98 FREUD E OS NÃO-EUROPEUS

e vê-la como "Freud, o não-europeu". Ou, para colocá-lo de outra forma, por meio de sua relação complexa, ambivalente, com sua própria identidade judaica, Freud, precisamente como estrangeiro, pôde romper com a fachada de uma perfeição européia muito antes dos horrores da Segunda Guerra Mundial e da violência da disputa anticolonial que a traria abaixo.

No prefácio hebraico de *Totem e tabu*, Freud fez essa declaração freqüentemente citada:

> Nenhum leitor [da versão em hebraico] deste livro achará fácil colocar-se na posição emocional de um autor que desconhece o idioma da escritura sagrada, que está completamente divorciado da religião de seus pais – bem como de todas as outras religiões – e que não consegue compartilhar de ideais nacionalistas, mas que jamais repudiou seu povo, que sente que ele é, em sua natureza essencial, um judeu, e que não tem o menor desejo de repudiar esta sua natureza. Se fosse colocada a ele a pergunta: "já que você abandonou todas essas características comuns a seus compatriotas, o que lhe resta de judeu?", ele responderia: "Muita coisa e, provavelmente, a própria essência judaica".[4]

Freud oferece aqui uma das mais instigantes autodefinições do judeu secular; isto é, do judeu para o qual libertar-se dos mantos da identidade religiosa, lingüística e nacional – paradoxalmente, removendo os seus elementos indefensáveis e, pode-se dizer, politicamente mais perigosos – não faz dele menos

---

[4] Sigmund Freud, *Totem and Taboo: Some Points of Agreement between the Mental Life of Savages and Neurotics*, 1913; *The Standard Edition of the Complete Psychological Works of Sigmund Freud*, v. XIII, prefácio à ed. hebraica, p. xv.

judeu, e sim, mais judeu. Ou seja, como colocou Deutscher, citado por Said, o judeu não-judeu que vive nos interstícios do mundo. E esse judeu não-judeu – naquele famoso comentário escrito no mesmo ano em que ele se recusou a apoiar a fundação do Estado nacional judeu na Palestina – toma para si a "essência" do judaísmo, vê-se de certa forma como guardião, ferozmente a assume como algo que lhe pertence, e acredita, precisamente por meio dessa coisa que ele não consegue descrever em palavras, que o judeu tem algo específico a oferecer ao mundo como tal. Houve, como apontou Dennis Klein em seu *Jewish Origins of the Psychoanalitical Movement*[5], um dilema para o judeu europeu e especificamente para o vienense, cujas origens remontam aos últimos anos do século XIX. A partir do momento, precisamente do dia 8 de abril de 1897, em que o Imperador Franz Josef, relutantemente, confirmou o anti-semita Karl Leuger como Prefeito de Viena, a perspectiva do judeu vienense emancipado deixou de ser viável. Em resposta a essa perda, os judeus vienenses, segundo Klein, adotaram a universalidade como um sonho especificamente judaico de liberdade e justiça, cuja tarefa cabia aos judeus em geral, e psicanalistas em particular, disseminar por todo o globo. Poderíamos quase dizer que, nesse momento de fracasso histórico que foi um dos primeiros sinais da catástrofe que se sucederia meio século depois, o judeu era o único verdadeiro europeu que restava. Não apenas em resposta à crise dos anos

---

[5] Dennis Klein, *Jewish Origins of the Psychoanalytic Movement*. Londres/Chicago, University of Chicago Press, 1985.

100 FREUD E OS NÃO-EUROPEUS

1930, mas muito antes (este foi o período em que ele estava entregando muitos de seus textos em sua forma preliminar à B'Nai Brith), Freud acreditou – e algumas das tensões descritas por Said remetem, penso, a esta crença – que era tarefa da *particularidade* judaica *universalizar-se*.

Naquele impulso contraditório, também podemos ver um dos principais divisores no interior do sionismo ao qual Freud expressaria sua relutante e tardia afiliação, em 1935. Divisão esta, descrita por Arthur Hertzberg, entre o sionismo "messiânico" e o "defensivo" – acreditando, o primeiro, ser o destino dos judeus adentrar e completar o projeto iluminista, adotando as cores do Estado-nação europeu e demonstrando, assim, o "triunfo inevitável do progresso e do liberalismo" (aquilo que Hertzberg chama de "equivalente judaico da Revolução Francesa")[6]; e o segundo, acreditando o oposto: que o sionismo era a única alternativa viável para os judeus diante do eterno anti-semitismo – uma mancha na face da história que, enterrando todo sonho de progresso, repete-se eternamente. Ahad Ha-Am era um sionista que se opunha fervorosamente ao sionismo político de Herzl e, ao contrário, desejava que a Palestina se tornasse uma fonte de renascimento espiritual para os judeus. Em 1910, com palavras estranhamente similares às da declaração de Freud de 1930, ele escreveu:

> Todo judeu verdadeiro, seja ele ortodoxo ou liberal, sente nas profundezas de seu ser que há algo no espírito de seu povo – *se*

---

[6] Arthur Hertzberg, *The Zionist Idea. A Historical Analysis and Reader*. Filadélfia/Jerusalém, Jewish Publication Society, 1997, p. 67, 63.

bem que não sabemos o que é – que nos tem impedido de seguir o resto do mundo pela via comum.[7]

Eu não compartilho – permita-me reforçá-lo caso vocês tenham começado a duvidar – essas crenças, nem a visão sionista da qual ambas, de formas competidoras entre si, constituíram apologias. Mas de fato me pergunto se a relação de Freud com a sua judeidade, até mais, talvez, do que Said tenha permitido, não carregou parcialmente aqueles sinais e aquelas tensões. Nesse caso, talvez se torne mais difícil separar os componentes da própria identidade judaica de Freud, mais difícil precisar aquilo que é discordante e pouco convincente. Se – para citar Said novamente – Freud "mobilizou o passado não-europeu de maneira que mina qualquer tentativa doutrinária de assentar a identidade judaica em uma fundação sólida, seja ela religiosa seja secular", há igualmente uma contracorrente em seu próprio pensamento que, se bem que não possa ser resgatada da mesma forma para as urgências políticas atuais, era entretanto – por bons ou, na verdade, maus motivos históricos – tão profunda e apaixonadamente sentida.

O que estou sugerindo é que, de certa forma, avancemos no sentido da leitura feita por Said: que devemos ver Freud menos como puramente um diagnosticador e mais como alguém inserido no dilema de identidade que ele mesmo descreve. De forma mais simples, estou sugerindo que as amarras da identidade – para Freud, para qualquer um de nós – são algo do que dificilmente se escapa – mais dificilmente do que

---

[7] Ahad Ha-Am, Apud Artur Idertzberg. Cit., p. 71-2 (grifo nosso).

Said, por motivos inteiramente admiráveis, quer que seja. Sobre este assunto, *Moisés e o monoteísmo* também tem muito a dizer. Pois, se ele oferece um relato, tão brilhantemente comentado esta noite, de identidades que conhecem sua própria qualidade passageira, ele também faz o contrário. Além de trazer todas as marcas do estilo tardio, caracterizadas de forma tão vívida por Said – e, talvez por essa mesma razão –, *Moisés e o monoteísmo* também constitui um dos textos mais violentos de Freud. *Moisés e o monoteísmo* pode, afinal, ser lido como a história de um assassinato político (na versão de Freud, baseada em Sellin, o povo judeu mata seu líder). O livro oferece a tese, já esboçada em *Totem e tabu*, de que um ato de assassinato é constitutivo da amarra social. De fato, o monoteísmo, junto com o "avanço da intelectualidade" que se diz acompanhá-lo, consolida-se apenas devido ao ato sangrento que presidiu sobre o seu nascimento. Como se tem apontado freqüentemente, é possível rejeitar o argumento histórico falho de ambos os textos ao mesmo tempo que se aceita a tese subjacente de que não há agremiação social sem violência, e de que as pessoas se unem de forma mais forte e efetiva pelo que concordam em odiar. O que amarra as pessoas umas às outras e ao seu Deus, é que essas pessoas o mataram.

Seria estranho, portanto, se o próprio Freud estivesse livre de todas as tensões conflitantes que receberam, nesse último trabalho, uma forma tão estranha e potente. O que as pessoas têm em comum, Freud sugere, é um trauma: "um conhecimento" – para voltar à citação de *Beginnings* de Said – "tão devastador a ponto de ser insuportável às nossas vistas e apenas um pouco mais suportável como um tema de interpretação psicológica". Essa é, se quiserem, a outra metade da história. Pois o trauma, longe de gerar liberdade, abertura em relação ao outro bem como aos fragmentos divididos e mal resolvidos do eu, leva a uma fragmentação de um tipo bem diferente – de um tipo que é, nas próprias palavras de Freud, "devastador", que provoca o fechamento das identidades, faz com que caminhem no sentido contrário: em direção ao dogma, aos perigos das formas coercivas e coercíveis da fé. Corremos o risco de idealizar as falhas e fissuras da identidade? Fragmentação pode engendrar petrificação, assim como a alienação histórica pode ter como conseqüência que um povo, longe de dispersar-se, comece a vasculhar as profundezas em busca de uma história que legitime a violência do Estado. Escreve Freud sobre o retorno do reprimido:

> Vale especialmente reforçar o fato de que cada porção que retorna da alienação se afirma com força peculiar, exerce uma influência incomparavelmente poderosa nas pessoas das massas e levanta uma irresistível reivindicação da verdade contra a qual objeções lógicas permanecem impotentes. (...) Essa característica impressionante só pode ser compreendida segundo o modelo do delírio dos psicóticos"[8].

Ou – para colocá-lo de forma mais simples – ser um ser social é ser, entre outras coisas, louco.

Em sua discussão sobre a arqueologia, Edward Said contrasta a arqueologia israelense, trabalhada a fim de consolidar

---

[8] Sigmund Freud, *Moses and Monotheism: Three Essays*, 1939 [1934-38], *SE*, XXIII, p. 85. [Ed. bras.: *Moisés e o monoteísmo. ESB*, XXIII.]

104 FREUD E OS NÃO-EUROPEUS

a crença dos cidadãos israelenses em seu novo Estado, à mais recente arqueologia palestina e sua "atenção às sedimentações enormemente ricas da história dos vilarejos", que desafia a primeira em nome de uma "multiplicidade de vozes". Enquanto escutava esse momento da palestra, senti que se poderia quase dizer que a arqueologia palestina é herdeira de Freud. Sou menos otimista quanto à habilidade de novas formas de nacionalismo passarem ao largo da insanidade do grupo, especialmente dada a história traumatizada de ambos os lados do conflito no Oriente Médio. Como disse o juiz Richard Goldstone, no Ernst Jones Memorial Lecture, referindo-se à questão dos albaneses de Kosovo, temos uma expectativa pouco realista quanto ao comportamento futuro dos povos traumatizados.

Acredito que Freud também era menos otimista – não apenas porque, como coloca Edward Said, a história reprime a falha, mas porque a história demonstra que a resposta mais freqüente ao trauma é a sua repetição. É por motivos semelhantes que creio que Freud estava mais dividido entre pertencer e não pertencer ao povo judeu; entre sua própria visão impressionante do judeu criado por um não-europeu, e sua crença no judeu como a mais corajosa – inclusive a última – expressão do que há de melhor no espírito da Europa; entre o judeu como o eterno estrangeiro e o judeu como alguém que queria ingressar no mundo das nações, que queria – deludido ou não – voltar para casa. Esta noite, Edward Said ofereceu um tributo extraordinário a Freud, ao extrair de seu último trabalho uma visão de identidade como algo capaz de ir além dos perigos da identidade nos nossos tempos. Se discordo, apenas um pouco, não é somente porque não estou certa de que Freud tinha chegado lá, mas também porque me pergunto – conforme observamos o mundo ao nosso redor hoje – se algum dia, algum de nós poderá chegar lá.

Quero terminar, entretanto, num outro tom. Um ano antes da palestra programada de Edward Said no Freud Memorial Lecture de 2001 em Viena – que, como muitos de vocês sabem, foi cancelada sob a alegação de "conflito político no Oriente Médio" – eu estava em Viena como palestrante no mesmo evento anual, como parte da celebração do centenário de *A interpretação dos sonhos*. No dia seguinte ao evento, que cai, anualmente, no aniversário de Freud, Simon Rattle, durante a primeira comemoração pública do Holocausto na Áustria, conduziu a Orquestra Filarmônica de Viena no local do campo de concentração de Mauthausen. O que foi mais estranho na minha visita, além daquela coincidência, foi o fato de que meus anfitriões pareciam querer falar, muito mais do que sobre Freud e a psicanálise, sobre a eleição de Haider e o ressurgimento do anti-semitismo austríaco (um ressurgimento traumático pode-se dizer). Cancelar a palestra de Edward Said sob alegações de ordem política, naquele contexto, foi para mim a resposta mais triste àquelas ansiedades e uma oportunidade perdida, para dizer o mínimo. Já deixei de desejar que Edward Said pudesse estar lá, visto que o momento está tão patentemente passado e perdido. Mas, enquanto lia sua palestra e escutava sua apresentação esta noite, percebi-me desejando que alguns daqueles anfitriões pudessem estar aqui presentes.

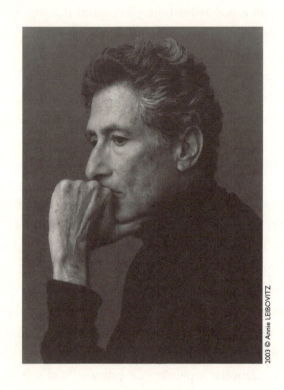

BIBLIOGRAFIA DE EDWARD W. SAID

Joseph Conrad and the Fiction of Autobiography. Cambridge, Harvard University Press, 1966.

The Arabs Today: Alternatives for Tomorrow (org. com Fuad Suleiman). Columbus, Forum Associates, 1973.

Beginnings: Intention and Method. Nova York, Basic Books, 1975.

Orientalism. Nova York, Pantheon Books, 1978.
Edição brasileira: *Orientalismo: o Oriente como invenção do Ocidente.* São Paulo, Companhia das Letras, 1990.

The Question of Palestine. Nova York, Times Books, 1979

Literature and Society (org.). Baltimore, Johns Hopkins University Press, 1980.

Covering Islam: How the Media and the Experts Determine How We See the Rest of the World. Nova York, Pantheon, 1981.

The World, the Text, and the Critic. Cambridge, Harvard University Press, 1983.

A Profile of the Palestinian People (com Ibrahim Abu-Lughod, Janet L. Abu-Lughod, Muhammad Hallaj e Elia Zureik). Chicago, Palestine Human Rights Campaign, 1983.

After the Last Sky: Palestinian Lives (fotografias de Jean Mohr). Nova York, Pantheon Books, 1986.

Yeats and Decolonization. Cork, Cork University Press / Field Day Pamphlets, 1988.

Blaming the Victims: Spurious Scholarship and the Palestinian Question (org. com Christopher Hitchens). Londres, Verso, 1988.

Nationalism, Colonialism, and Literature (com Terry Eagleton e Fredric Jameson). Minneapolis, University of Minnesota Press, 1990

Musical Elaborations. Nova York, Columbia University Press, 1991. Edição brasileira: *Elaborações musicais.* Rio de Janeiro, Imago, 1991.

Culture and Imperialism. Nova York, Knopf / Random House, 1993. Edição brasileira: *Cultura e imperialismo.* São Paulo, Companhia das Letras, 1998.

The Pen and the Sword: Conversations with David Barsamian. Monroe, Common Courage Press, 1994.

The Politics of Dispossession: The Struggle for Palestinian Self-Determination, 1969-1994. Nova York, Pantheon Books, 1994.

Representations of the Intellectual: The 1993 Reith Lectures. Nova York, Pantheon Books, 1994.

Peace and Its Discontents: Essays on Palestine in the Middle East Peace Process. Nova York, Vintage Books, 1995.

Entre guerre et paix: retours en Palestine. Paris, Arléa, 1997.

Out of Place: A Memoir. Nova York, Knopf, 1999. Edição brasileira: *Fora do lugar: memórias.* São Paulo, Companhia das Letras, 2004.

The End of the Peace Process: Oslo and After. Nova York, Vintage Books, 2000.

The Edward Said Reader (org. Moustafa Bayoumi e Andrew Rubin). Nova York, Vintage Books, 2000.

Reflections on Exile and Other Essays. Cambridge, Harvard University Press, 2001.

Edição brasileira: *Reflexões sobre o exílio e outros ensaios*. São Paulo, Companhia das Letras, 2003.

Power, Politics, and Culture: Interviews with Edward W. Said (org. Gauri Viswanathan). Nova York, Pantheon Books, 2001.

Unholy Wars: Afghanistan, America and International Terrorism. Londres, Pluto Press, 2002.

Parallels and Paradoxes: Explorations in Music and Society (com Daniel Barenboim). Nova York, Pantheon Books, 2002.

Edição brasileira: *Paralelos e paradoxos, reflexões sobre música e sociedade*. São Paulo, Companhia das Letras, 2003.

Cultura e política (org. Emir Sader), São Paulo, Boitempo, 2003.

Culture and Resistance: Conversation With Edward W. Said (org. David Barsamian). Cambridge, South End Press, 2003.

From Oslo to Iraq and the Road Map: Essays. Nova York, Pantheon Books, 2004.

Humanism and Democratic Criticism. Nova York, Columbia University Press, 2004.

Interviews with Edward W. Said (org. Bruce G. Johnson e Amritjit Singh). Mississippi, University Press of Mississippi, 2004.

Esta obra foi composta em Adobe Garamond, corpo 12,
e reimpressa em papel Avena 80 g/m² pela gráfica Forma
Certa, para a Boitempo, em abril de 2025, com tiragem
de 300 exemplares.